練習有涵養

讓身心皆美好，優雅大人的201則生活提案

加藤惠美子——著
鄭曉蘭——譯

前言

細心親切、能體察他人心情的人，人見人愛。無論在職場或是家庭中，除了專業技能之外，大家都會期待與自己相處的人擁有良好品行。但這方面沒有任何人能教我們，我們只能靠自己提升自我涵養。

天增歲月人增壽，但人並不會隨著年歲增長，自然轉變為一個成熟的大人；也不可能有人來幫我們轉變為成熟的大人。只有當我們自己「想變得成熟」，才能憑藉自己的力量成為成熟的大人。我們必須在踏入社會、投入職場並獲得頭銜的過程中，靠自己逐漸提升涵養，也才能靠著提升自我涵養變得成熟。人正是透過提升自我，才能逐漸蛻變為一個成熟的大人。

過去的日本人普遍被認為彬彬有禮、細心親切，愛乾淨、勤勉又聰明。也就是說，每個人都擁有一定程度的涵養。由於孩子最愛模仿大人，想讓孩子提升涵養，或許只要讓他們去模仿優秀的大人即可。但如果已經是大人，該怎麼做呢？

對於大人而言，只要懂得如何發揮「影響力」，就會相當有效。只要自己率先成為有涵養的大人，周遭也會跟著成為有涵養的大人。

大人的涵養，不能像孩子一樣交給父母負責，而是必須靠自己提升。不論什麼年紀、從幾歲開始，人人都能培養涵養；且無須憑藉他人之力，靠自己的力量就做得到。

這是因為大人的涵養能透過「改變生活習慣」來提升，相對容易做到。只要憑藉自己所建構的「生活規範」，就能進一步磨練自我，成為優雅的大人。

那麼，什麼樣的「生活習慣」才能提升涵養呢？什麼樣的「生活規範」，才能讓我們成為優雅的大人呢？

本書彙整了相關內容。從職場的行為舉止到私人時間，本書將帶領讀者思考：要如何透過經營日常生活，輕鬆提升自我涵養。你可將本書視為提升自我涵養的入門手冊，並實際嘗試看看，效果將會相當顯著。

首先，我們必須瞭解何謂「有涵養」。

最重要的是，不是只有自己這樣認為，而是要讓別人眼中的自己也看起來「有涵養」。

換言之，所謂的「涵養」並不是光想法就能培養，而是要實際做到他人眼中「有涵養」的「行為舉止」，進而慢慢培養出來。這就和一個人就算天生不是美人胚子，但只要為了美麗而堅持努力，就會「讓人覺得美麗」是一樣的道理。

「被說個性好」、「外表美麗整潔」、「善於待人接物，言談自然有品味」、「讓人感受到能打造豐富生活的魅力」等，只要透過升級「生活習慣」，一點一滴學習，就能在毫不勉強的情況下，自然而然地實際提升涵養。

身心本為一體，即使不時會遭遇失敗，只要能毫不懈怠地持之以恆，就能逐漸擴展身心的可動範圍。在自己一點一滴改變的過程中，您將能夠感受到內心的怡然自得。這種感覺不僅止於自己，也能觸動周遭，創造出讓人怡然自得的環境，進而讓自己益發洗鍊優雅。

加藤惠美子

前言　2

第1章　提升性格的涵養　23

良好性格 之❶大方
學習大方的行為舉止吧　26

1　擅於接受讚美　27
2　肯定對方　28
3　不膽怯　29
4　面對境遇變化時泰然處之　30
5　擺脫競爭意識　31
6　控制自身情緒　32
7　守護名譽與尊嚴　33

良好性格 之❷坦率
坦率能帶來許多好處　34

8　接受父母的愛　35
9　從容前進　36

10 感謝生活裡的小確幸 37
11 保持客觀 38
12 擁有源自自我的自由 39
13 當個可愛的人 40
14 持續懷抱好奇心 41

良好性格 之❸誠實
誠實，是贏得信賴的良策 42

15 言出必行 43
16 全力以赴 44
17 表現認真態度 45
18 遵守禮節 46
19 持續以真心待人 47
20 推測對方心意 48
21 直言不諱 49

良好性格 之❹周到
「周到」的個性，是來自周到行為的累積 50

22 簡潔周到的郵件 51
23 簡短的問候 52
24 經過整理的書桌或桌子 53
25 禮多人不怪 54
26 日常作業要周到 55
27 周到的筆觸 56
28 使用優質餐具 57
29 學習禮儀禮法 58

良好性格 之❺溫柔

想讓對方感受溫柔，就必須變得溫柔 60

30 瞭解溫柔的表現 61
31 溫柔是言語 62
32 著眼於好的一面 63
33 體貼與想像力的關係 64
34 溫柔的話語是極致的親切 65
35 餘欲能創造溫柔 66

36 美的連鎖反應 7

良好性格 之❻堅毅
想要養成堅毅性格，為內心重訓最有效 68
37 堅毅的鍛鍊方法 69
38 累積小小的成就感 70
39 反覆練習 71
40 克服痛苦 72
41 堅持到底 73
42 持續投入單純作業 74
43 以意志力掌控自我 75

良好性格 之❼樂觀
「樂觀」性格就是保持正向 76
44 正向思考 77
45 不論金錢或內在，都需要儲蓄 78
46 喜愛時尚 79
47 精準的行動力 80

48 描繪成功的想像圖 81
49 展現開朗活力 82
50 讓自己擁有明眸皓齒 83
51 正向樂觀到少根筋 84

第2章 提升美的涵養 87

美麗外觀 之❶服裝儀容
將服裝儀容打理得清爽美觀、整潔俐落 88

52 表現自我的「服裝」 89
53 整潔感與氣質 90
54 「服裝」做為自我主張 91
55 瞭解什麼適合自己 92
56 決定自我風格的原則 93
57 用心找出適合自己的穿搭 94
58 下班後的私人時間，更要注重呈現自我 95
59 不論何時都別忘了飾品 96
60 配件更要選擇優質品項 97

61 總是維持相同髮型 98
62 擅長與流行打交道 99
美麗外觀 之❷姿勢與舉止
姿勢良好、舉止優雅，就能帶來好印象 100
63 認識何謂良好姿勢 101
64 隨時保持笑容與豐富的表情 102
65 溫柔直視的眼神 104
66 維持優美的步行姿態 105
67 動作之下蘊含沉穩 106
68 流暢自然的行為舉止 107
69 雙腳併攏 108
70 細心謹慎、兼顧曲線的手部動作 109
71 動作時不發出聲響 110
美麗外觀 之❸融入各種場合
配合各種場合閃耀自身光芒吧 112
72 在各種場合都能閃閃發光的日常生活 113

73 旅行時裝扮要融入當地 114
74 所到之處也要避免讓人感到格格不入 115
75 調整好飲食姿勢 116
76 飲宴的優美舉止 118
77 商務宴會上的基本行為舉止 119
78 巧妙接受他人服務 120
79 隱藏驚訝 121
80 展現屬於成熟女性的魅力 122
81 公私分明 123

第3章 提升健康美的涵養 125

健康美 之❶健康管理

健康管理是日常生活要務 126

82 致力維持良好身體狀況 127
83 養成保養身體的習慣 128
84 養成排毒習慣 130

85 靈活運用生理時鐘 131
86 致力於維持體態 132
87 讓舉手投足更為洗鍊的訓練 133

健康美 之❷美容
不惜努力變得更美 134

88 對美的資訊求知若渴 135
89 活用美髮沙龍與護膚美容中心 136
90 笑容與指甲 138
91 美觀的整齊皓齒以及嘴角 140

健康美 之❸活力
隨時保持活力 142

92 強化內在 143
93 提升自己的活力 144
94 養成努力的習慣 146
95 鍛鍊孤獨力 148
96 鍛鍊專注力 150

第4章 提升生活技巧的涵養 153

生活技巧 之❶飲食

烹飪是提升自我的創造行為 154

97 食物能形塑出人品 155

98 營養美味是家常料理的重點 156

99 採購食材要有計劃 157

100 家常料理是有系統的料理 158

101 以擺盤雕琢對美的品味 160

102 以餐桌布置培養美感意識 161

103 餐具選擇，初學者從白色西式餐具開始 162

104 用餐是最盛大的娛樂 163

生活技巧 之❷居住空間

居住空間培育出人格 164

105 展現整潔感 165

106 藉由布置的心思，磨鍊美的品味 166

107 插花 167
108 掃除是種冥想 168
109 養成整理的習慣 170
110 面對物品 171
111 以居家織品培養觸覺 172
112 瞭解茶具與銀器的用法與觸感 174
113 靈活運用箱盒 175
114 物品能培養人格 176
115 選擇物品，就是在選擇自我 177

生活技巧 之❸社交禮儀

請具備交際的生活技巧 180

116 婚喪喜慶的基準 181
117 可用郵件、書信或電話表達謝意 182
118 禮品的質感 183
119 禮物就是提升自我涵養的絕佳機會 184
120 練習美麗的手寫字 186

121 推薦舉辦家庭派對 187
122 服裝是用來給人看的 188
123 穿搭出屬於自己的風格 189
124 學習如何穿著和服 190

生活技巧 之❹行為模式
養成能沉穩生活的行為模式 192

125 瞬間行為 193
126 習慣行為 194
127 忍耐行為 195
128 模擬行為 196
129 保養行為 197
130 挑戰行為 198
131 體貼行為 199
132 簡報行為 200

第5章 提升溝通技巧的涵養 203

溝通技巧 之❶對話基本之道
言行為一體 204
133 創造有禮話語的連鎖反應 205
134 尊重對方，也要尊重周遭旁人 206
135 比起說話，傾聽更重要 207
136 擅長對話，等於擅長回應 208
137 擅長對話，等於擅長讚美 209
138 擅長打招呼，等於擅長掌握打招呼的時機 210
139 避免用字遣詞招致誤解 211
140 比起說什麼，不說什麼更重要 212
141 在宴會上，像外交官和演說家一樣說話 213
142 留意口頭禪或流行用語 214
143 如何回答問題 216
144 說出對方期望的內容 217
145 說話簡潔 218

146 事先瞭解短講的形式 219
147 在恰到好處的時候開口 220
148 向連續劇學習說話技巧 221
149 蒐集讓人精神百倍的好話 222

溝通技巧 之❷表達感謝
請多多表達謝意 224

150 感謝與幸福的關係 225
151 讓感謝的話語更豐富 226
152 顧慮、關照、體貼、用心、細心觀察 228
153 表情與動作也能展現謝意 230

溝通技巧 之❸課題因應方法
注意別貶低自己 232

154 將抱怨、不滿、藉口都轉化成提議 233
155 不說出帶刺的話語 234
156 事先瞭解如何因應被動式攻擊 236
157 在高級店家時注意言行舉止 237

158 不講「迴避的話」就能巧妙迴避 238
159 如何運用社交辭令避免失敗 240
160 巧妙地委婉表達 241
161 不想回答，可以不要回答 242
162 別深入踏進他人領域 243
163 巧妙的謊言是存在的 244
164 成為優質的商量對象 245
165 享受與初次見面的人的對話 246
166 有主題的對話 247
167 用自己的話來講 248

溝通技巧 之❹加深羈絆

友情與博愛是得以實現的 **250**

168 所謂的愛，是守護對方 251
169 友情的話語與意義 252
170 讓自己得以保持慈悲之心 254
171 維持內心不變的暖意 255

第6章 提升生活規範的涵養 257

生活規範 之❶人生目的與目標
思考如何樹立自己的生活規範 258

172 將目標連結今天的行動 259
173 將目標連結目的 260
174 正是工作，才會讓人覺得忙碌 261
175 關於金錢的生活規範 263
176 珍惜時間 264
177 掌握日常行為的所需時間 266
178 思考自然 267

生活規範 之❷生活習慣
創造全新的生活習慣 270

179 難能可貴的好習慣 271
180 提升注意力的習慣 272
181 磨鍊選擇能力 274

182 鍛鍊思考能力的基礎 276
183 培養直覺力 278
184 讓下意識的品質升級 280

生活規範 之❸磨鍊自我
擁有磨鍊自我的生活規範 282
185 感受生活之美 283
186 在日常生活中培養美感意識 285
187 活出安貧樂道之美 287
188 磨鍊感性 289
189 女性的魅力、男性的魅力 291
190 意識到自己的文化觀點 293

生活規範 之❹自我文化
生活文化從打造自我文化做起 296
191 洞悉美味與營養價值 297
192 完成自己的風格 298
193 生活空間呈現出自己的真實樣貌 300

194 豐富自己的詞彙，對外語也要心存寬容 302
195 培養共同感覺 303
196 高品質生活的定義 304

生活規範 之❺社會貢獻
挑戰做出美麗的社會貢獻 306

197 拓展視野 307
198 培養自律性 308
199 認同自己 310
200 藉由實踐，將幻想化為現實 312
201 知識、見識與膽識，是邁向自我超越的開端 314

後記 317

第1章

提升性格的涵養

有些性格是與生俱來，但幾乎所有性格都是從成長過程的習慣之中逐漸形成。事實上，所謂的「性格」，有大半都是透過習慣培養得來。

與生俱來的性格並不容易改變，但如果是透過習慣得來的性格，只要習慣改變，性格應該也會隨之改變。換言之，只要改變習慣，就能改變性格。

請先告訴自己，你想培養什麼樣的性格涵養。然後去認識可以形塑這種性格的習慣。在心裡決定好想培養的習慣後，就以自己想擁有的性格為目標，每天重複練習。「反覆練習」就是進步的訣竅，同時也是一種鍛鍊。

將你一直以來深信的「我就是這樣」拋諸腦後，全心同入於今後建構出的美好性格，逐漸適應新習慣。只要反覆練習，就能慢慢養成新習慣。

只要能察覺你一直以來深信的「自我樣貌」並非與生俱來，而是環境與習慣的累積，應該就會對培養良好性格涵養躍躍欲試。

拿出決心提升你的性格涵養吧。

只要培養良好的性格涵養，身心靈也會充滿能量。環境自然會隨之改變。不但周遭對待你的方式會改變，發生的事情也會隨之改變。

只要培養良好的性格涵養，它就會成為你的一部分。

那麼，何謂「良好的性格」呢？

以下七個項目是我的定義：

「大方」、「坦率」、「誠實」、「周到」、「溫柔」、「堅毅」、「能為他人帶來快樂」。

本書將從培養這七項性格涵養起步，帶領你一步步提升自我涵養。

良好性格 之❶大方

學習大方的行為舉止吧

沉著（沉穩不急躁）、大方（沉穩、游刃有餘，舉止高雅）、穩重（不急躁、從容）、豁達（心胸廣闊、怡然自得）……首先，請以這些性格為目標吧。

雖然性格很難輕易改變，但只要持續練習這些行為舉止，就能讓自己逐漸變得落落大方。當別人感覺你是個「落落大方的人」，你自己也會有相同感覺。當你獲得「落落大方」的讚譽，周遭也會覺得你是個好相處的人，你也會變得能以輕鬆的心情待人接物。

1　擅於接受讚美

培養大方性格習慣的第一步，就是培養接受讚美時的舉止。

一受到讚美，就立刻表達謝意與喜悅，絕對不害臊、否認或拒絕。

別謙虛地說什麼「沒有這回事」，而是要坦率對讚美自己的人致意。

你可以回應**「真不好意思」**、**「謝謝您」**、**「聽您這麼說，我很開心」**等，接受對方的讚美。

遇到一旁有後進在的情況，如果能回應**「承蒙各位協助」**、**「大家都很優秀」**、**「今後會更努力，不拖累大家」**等貼心話語，就堪稱優秀。

絕對別說出「每次怎麼都是我被稱讚呢」之類的話。

2 肯定對方

傾聽對方說話時，請以眼神或笑容回應。因為，笑容能讓對方感覺「我不是你的敵人」。接著，要肯定對方所說的話。

以「**原來如此，這也是個辦法**」、「**的確可能會有那種情況**」、「**確實如此**」等包容態度回答。最好的情況是以讓對方懷抱好感，又不至於招致誤解的一句話來回應。

當然，你也有可能遇到對方輕視你、說話拐彎抹角又或是否定自己的情況。但是我們應該以在任何情況下，都能冷靜面對對方為目標。

就算被小看，也不要被對方激怒，要想成對方並不是針對自己，別放在心上。就算對方否定自己，也要抱持「難免會有這種事」的心態，泰然處之。不論任何事，就是如實接受，就算有時候反省「自己有沒有錯」，也別鑽牛角尖。別以情緒接收對方話語，首先嘗試以「那是對方個人感受」的心情去傾聽。

儘量將別人說的話語往好的方向解釋，即使遭受否定，也可以將其視為一種鼓勵，這或許是種上策。

3 不膽怯

對於初次體驗的事物或初次造訪的場所，在任何情況下都不膽怯、不抱怨，展現堂堂正正、毅然決然的態度。為了做到這點，不管你遇到任何人，總之就是要大方乾脆地主動先打招呼。

・迎接：「**您來啦**」、「**歡迎**」
・初次見面：「**初次見面**」、「**請多多指教**」
・重逢：「**最近好嗎**」、「**您看起來氣色不錯呢**」、「**很高興能再見面**」
・其他：「**您覺得好嗎**」、「**您覺得還可以嗎**」、「**麻煩您了**」、「**不好意思**」

與其想著要說些機靈的話，還不如先慢慢習慣把這些話講得理所當然。如果能學會好好打招呼，行為舉止自然就能堂堂正正。如果對方沒什麼反應，就想成是對方沒注意到，別放在心上。

在宴會等場合上，就算心想「剛剛可能已經打過招呼了」，還是要不時點頭致意。一個微笑就能解決一切，請用這招避免自己記憶混亂而失禮吧。

4 面對境遇變化時泰然處之

境遇遭逢巨變時——從好的狀態陷入窘境，或是相反過來，從默默無名變得赫赫有名，諸如此類的種種變化——能彰顯出一個人的氣度。

如果經濟、立場等都處於良好的境遇，想做到落落大方並不是件難事；但如果是境遇突變，例如遭遇失勢、破產、生病、離婚等情況的時候呢？這種事可能發生在你我任何人身上。為了能在這種時候冷靜因應，平日先做好心理建設非常重要。當然，周遭對待你的眼光、態度也可能會大為轉變。但即使感受到那樣的變化，也要泰然處之，如實接受。

相反地，諸如事業成功、出人頭地、結婚等，境遇也有大幅好轉的可能性。這種情況下，他人對待你的方式可能又會有所改變。不過，就算感受到對方態度的轉變，也不要跟著改變自己。待人接物不改本色、始終讓人感受到暖意，就能反映出自身的品格。

5 擺脫競爭意識

每個人各自都有與我們不同的長處，追求的目標也有所不同。即使有值得效法之處，試圖去與其競爭是沒有意思。企圖激起他人間的競爭來從中牟利的人，只不過是在耍手段罷了。

如果你因為想知道自己的程度，而將對方視為競爭對手，也只是白費力氣。好競爭的人最好先專心自我砥礪，與自己競爭，不要輸給自己。

冷漠又自卑的人，較容易抱持強烈的競爭意識。之所以會想反擊，就是企圖讓自己處於優勢。而冷淡強勢的舉止，則是因為他們認為這樣看起來比較「佔上風」，也比較聰明。

但這也只是仿效了某人才養成的習慣。只要有心要改，就能改變。如果想要效法他人，就算會被說是爛好人，我也還是更建議大家去效法那些溫暖的人。

6

控制自身情緒

注意別在他人面前表現得過度亢奮。高亢的聲調會對自己產生刺激，讓自己陷入亢奮的情緒。如果用低沉的聲音緩緩說話，就能讓情緒維持沉靜。

若有不愉快就讓它過去，不要對此反應過度。如果是信件或訊息，一定要再重新審視，只要刪除那些情緒化的部分，就能平靜下來。

日記的話，寫下來之後就擦掉吧。要是留下來的話，事後再閱讀又會導致情緒被挑撥，萌生厭惡感。如果想減少自己身邊討人厭、不愉快的事物，方法就是讓它「船過水無痕」。

把記錄好事的日記留下來吧。只要努力營造出可以讓自己沉靜下來的環境，自然就能表現得落落大方。

7 守護名譽與尊嚴

這兩者都是存乎自己內心的價值，任誰都不能侵犯。只要靠自己去守護自己的立足之處，還有在人生中想要守護的東西，就不會失去那些東西，也不會讓名譽與尊嚴遭受侵犯。

首先你必須要能喜歡自己。即使在反省或自我磨鍊之中，也要隨時認同自己、守護自己，這是能讓舉止落落大方的根本之道。

你無時無刻都要誠實面對自己，堅守自尊心。如果更進一步獲得他人或社會認同，也能夠為自己的名譽加分。要感到開心，並珍惜這樣的名譽。

良好性格 之❷坦率

坦率能帶來許多好處

所謂的「坦率」並非對人言聽計從，或是對任何事情都照單全收（包括媒體、社群媒體等資訊）。而是好好傾聽的他人意見，並以開放的心胸接受。

如果看待事物的角度頑固執拗，就無法獲得進步。如果能捨棄彆扭的心態，懷抱一顆坦率的心，就能更容易獲得快樂，也比較容易接收到符合自己目的的資訊。

想要提升人性，就必須磨鍊感性，為此「坦率」是很重要的。

請別逞強，認同本我、捨棄無謂的多餘武裝，別緊閉心房，而是要廣納百川。

8 接受父母的愛

只要好好接受愛，愛就能成為讓我們成長的食糧。正是因為父母之間的羈絆，我們才得以誕生於世界上，看著父母的背影長大成人。這裡說的並不是父母教會了我們什麼，而是我們從小到大，在父母的愛中感受到了什麼。

別將自己的現況都怪罪在父母身上。如果覺得自己從小大到沒有感受到充分的愛，有可能是因為你並沒有察覺。不妨好好去回想起那份愛。

愛，很容易傳達給一顆坦率的心。能夠毫不抗拒地接受愛的人，也會擅長對他人付出愛。

9

從容前進

只要將焦點放在「從容朝目的前進」就好。當你不經意地展開自己喜歡的事情，也會逐漸從中發現目標。一旦決定好用什麼主題當作目標，相關情報或是機會都會自己找上門。你要做的就是去接受、嘗試。剛開始，大家可能都會覺得「好難」、「壓力好大」等，自嘆能力不足。但只要能坦率接受、持續努力，就能不斷前進。

傾聽他人的意見，或將他人當作自己的典範，指的並不是要你抹殺自己。不論任何人，都得透過見賢思齊、傾聽意見，才能逐漸構築出所謂的「自我」。如果執著於「要成為第一個發現、第一個想到的人」，那就太過狹隘迂腐了。想想從一萬多年前繩文時代[1]到現在的漫長歷史，還有什麼東西不是現成的呢？

1.「繩文時代」：日本年代劃分之一，大概距今一萬三千年前至兩千三百年前

10 感謝生活裡的小確幸

能感謝小確幸，也是種坦率；能夠自己創造幸福，當然也是種坦率。別反駁他人忠告，嘗試坦率接受，就能瞭解坦率是多　讓人舒心的一件事。明確回答**「是的」**就能傳達出坦率，讓人感覺很舒服。

只要自己先改變，周遭也會跟著改變。就如同「謝謝」與「笑容」是種連鎖反應一樣，坦率也會激發連鎖反應。只要能坦率地互相感謝，就會發生良好的改變。

11 保持客觀

所謂的「坦率」，換句話說，就是對自己也能保持客觀。

換言之，「對自己坦率」，就代表**「客觀看待自己」**。發生問題時，一旦開始怪罪於他人，就會讓問題變得愈來愈複雜。別歸咎或責備他人，而是要保持客觀。在腦海中冒出「都是某人害的，才會失敗」的念頭前，先分析是哪裡出問題、承認問題，然後在下次活用這次的經驗。

只有當自己與周遭都能客觀以對，才能在遭遇問題時發現解決的線索。換言之，坦率也可以說是解決問題的方法之一。

12 擁有源自自我的自由

日本已經是一個相對自由的國家。在這樣的環境下，不斷想追求更高等級的自由，可能是因為「當局者迷」。我們被自我束縛，自己導致了自己的不自由。請拋棄你的執念，讓自己擁有源自自我的自由。

頑固的人是很難解放自我的。在這種情況下，也無法察覺到本身的不自由。自由自在，正是坦率者才有的特權。

13 當個可愛的人

如果能像砂子吸水一樣好好傾聽他人說話，就能博得好感，成為一個可愛的人。只要保持坦率的內心，即使外表很成熟（換句話說，即使不特意營造可愛的外表），任誰都還是會覺得你很可愛。真正的坦率，就是一個人的可愛之處。

不矯揉、不造作，別喪失了那份純真。無論是態度、動作或內心，都請保有你的「本我」。

14 持續懷抱好奇心

對對方抱持興趣，永遠興致盎然、懷抱好奇心去探索事物或時代的姿態，能讓人感受到坦率。持續擴展、深化那股好奇心，就能滋養自己的人格。

擁有豐富感性與好奇心的人，也經常會遭遇失敗。但這世上，沒有人是不曾遭遇失敗的。別在失敗時過度沮喪，也別被失敗絆住腳步。要坦然接受一切事實。如此一來，失敗就能在日後成為有用的經驗。

良好性格 之❸誠實

誠實，是贏得信賴的良策

深獲雙親、他人或朋友的信任，每個人都認為「只要是你說的，就值得信任」──請以讓自己成為這樣的人為目標。

誠實，是贏得信賴的良策。「誠實」是一種他人眼中的印象，所以你也必須成為一個看起來誠實的人。如果能讓人感覺你很誠實，就能贏得信賴，建立高品質的人際關係。

15 言出必行

不論是多麼微不足道的小事，只要說出口就一定會做到。透過這樣一點一滴的累積，就能在他人眼中建立起「誠實」的印象。有些事情可能小到連對方都忘了，但你自己務必要記住。

簡單來說，**言出必行意味著「即使是小事，也會信守承諾」**。不會說「做不到」，而是在自己的能力範圍內儘可能做出成果。**重點不在結果，而是在於你如何爭取對方認同**。

再小的事，也會二話不說地全力以赴。面對枝微末節，也一定遵從指示報告。一旦接下麻煩的事，也會將其完成，更會堅持到底。只要堅持到底，就能換得「自我成長」的回報。不要半途而廢、偷工減料或滿嘴藉口，而是要一步一腳印地累積。

說出的話與做的事情如果能達到言行一致，大家就會對你很放心。

16 全力以赴

不會疏忽小事，而是同樣認真地全力以赴。對於和自己相關的事物，請別總想追求多偉大的規模，這是錯誤的想法。價值並不在於你和世間何種事物有關連，而是在於你如何全力扮演好自己被賦予的角色。

17 表現認真態度

所謂的認真，就是「避免謊言或玩笑，全心投入」，以及「用真心待人接物」。這指的並非一味按照操作手冊或規則行事。

如果想做到這點，就必須事先決定出你能負責與覺悟的範圍，做好你所能承擔的責任與心理準備。換言之，就是先守住自己責任範圍內的自由裁量權。**做不到的，就不要輕言承諾；一旦答應，就要抱持竭盡所能的覺悟**。這麼一來，你就能成為信守承諾的人，散發認真的光芒。避免謊言或玩笑，就能持續保持認真且真心的態度。

如果不慎在表現認真的過程中，將「認真」當成了一種賣點，可能會讓自己失去魅力，或是認真過頭而令人感到乏味。在內心保持認真的同時，也必須留住令人開心、感覺有趣等充滿魅力的人格特質。但如果是真的不適合開玩笑的場合，還是別開玩笑比較好。

18

遵守禮節

維持表裡一致、問心無愧，就是維持禮節。首先，從不要暗地裡道人是非開始。就算別人與你的想法不同，只要將其當成另一種考量就好，別在私下說三道四。另一方面，也要在**不說謊**、**不與他人同仇敵愾的**情況下，巧妙表達自己的真心話。

在感嘆自己無法受到信賴之前，請先說出真心話，接下來只要遵守禮節，自然就能讓人感受到你的誠實。讓自己永遠問心無愧、不找藉口，確實遵守禮節吧。

如果老想著出人頭地，思考時總以自我為中心，優越感過重，就會疏於對人保持敬意。不只是公開助他人一臂之力，也要成為背後的助力，那才是極致之美。如果只知道以自我為中心，只想胡亂引人注目，就會模糊了禮儀（規矩、教養）和禮節（懷抱真心、以禮相待）。

19 持續以真心待人

所謂的真心，是指對於事物或他人毫不馬虎，誠摯地接受與應對，並且給予信任。請抱持一顆真心，儘量展現出對於對方的信任。這意味著不論發生任何事，都能持續信任對方，不隨意改變態度。並且給予對方充分的信任。

請別「贊同整體方向，反對個別問題」。既然可以贊同整體方向，那就該以「如何朝整體方向前進」來思考即看待個別問題。即使方法可能有所不同，但思考的核心是不會改變的。簡單來說，就是**不以自己的心情、身體狀況或私事做為藉口，把對方要得團團轉**。

如果一個人沒有自信，就會讓人感受到不安或不信任。為了贏得信任，擁有真心待人的自信也很重要。

20

推測對方心意

不管是試圖瞭解對方，或是回答對方想問的事情，都能讓對方感到如釋重負。只要去實踐對方希望你去做的事情，就能傳達出自己的「誠實」。

所謂的「忖度」，就是推測對方的心意，考量對方的狀況。每個人都希望別人對自己真誠以待，態度真誠。

如果你毫不虛偽地真誠待人，其實自己也比較不會感到疲憊。

21 直言不諱

像孩子般天真，說話總是直言不諱，有時其實很危險。但如果能有所覺悟，懷抱一顆堅強的心，不特意隱藏自己的情緒，而是誠實地傳達自己的心意，這也可說是種美德。

良好性格 之❹周到

「周到」的個性，是來自周到行為的累積

之所以會嫌麻煩，覺得沒時間或是很頭大，是因為還沒實際感受到周到行事的效果。

周到的心情和周到的行為，是能影響對方的事情之一。這與笑容的連鎖反應相同。

只要能夠周到因應對方，對方也會周到相待，讓周遭都變得周到起來，進而營造出一個周到的環境。

於是倉促的時候，就愈要注意自己是否有所疏忽、不夠周到。首先，先做到在用字遣詞上周到，給予對方尊重吧。

22 簡潔周到的郵件

郵件（電子郵件）要簡潔周到，回信也要迅速。據說以前的人，即使是用紙本書信往來，也能以簡潔兼具周到的表現傳遞訊息。

郵件首重內容簡潔，表現出尊重與的周到，且要迅速準確地回覆。即使是關係親密的人，也要講究禮儀。

23

簡短的問候

用簡短話的語相互問候吧。與人碰面時，就算趕時間，也請記得先打聲招呼再進入正題。

就算是不認識的人，也請別忽略了相互禮讓時的招呼、等候時的招呼，以及擦身而過時的招呼，相互問候非常重要。

如果是熟人，除了招呼之外，也請多告知一句近況。

此外，也別忘了生日祝福。透過卡片、明信片或郵件傳達訊息，就能加深彼此間的羈絆。禮輕情意重，只要一點小禮物就能增進與他人間的親近感。只有卡片當然也沒問題，只要是祝福都能讓人開心。

24 經過整理的書桌或桌子

就算忘我地投入當前的工作或事情中，如果能在經過整理的書桌或桌面上工作，就能周到地完成。

放置電腦的桌面只要經過整理，工作就能快速進展。

只要將工作做得周到正確，就能縮短工時，創造餘欲。

而如果待人周到，就能讓自己看起來親切好相處。

25 禮多人不怪

感謝的話語，如果只說一次是無法傳達心意的。首先要立刻向對方致謝，再來間隔一段時日後，才能確實將感謝之意傳達出去。如果只有當下致謝，不論是致謝方或被致謝方都很容易忘記。**要說三次**，才能確實傳達心意。

說愈多次「謝謝」，心裡就會愈舒服。

「今天說了幾次謝謝」，也能成為提升自我涵養的小目標。

26 日常作業要周到

掃除能讓自己養成周到的習慣。有落葉時，就必須**清掃庭院**。這無關修行或修養，但做完之後心情就會變好，在此推薦大家試試。不論是**擦拭餐具**、**拖地**、**摺衣服**，只要全都周到做好，自己也會感到神清氣爽。

穿和服也是一種周到的訓練。「雖然家裡有和服，但因為保養起來很麻煩，所以很少穿……」這樣的人似乎不在少數，這真是相當可惜。和服如果被束之高閣，就如法成為寶物，反而會受損。就是要時常穿著、注重保養，才會成為家中珍寶。不論是穿上和服、摺好保存，或是後續保養，只要養成習慣，就能在將「麻煩」脫口而出之前處理完畢。只要養成習慣，擁有凡事周到的態度，也會為自己的周遭帶來美麗。

再者，清洗碗盤或掃除等動作，也有**冥想的效果**。就算家裡有洗碗機，偶爾也要嘗試親手洗滌餐具，一來也能節省能源。

27

周到的筆觸

毛筆寫出的文字是一面鏡子，能夠赤裸裸地反映出自我。

如果急躁地胡亂書寫，表現出的自我也會是相同狀態。字寫得是否漂亮還在其次，只要周到平衡地寫下每一個字，就能讓人從字裡行間感受到用心。接下來，如果能學會寫出漂亮的字體，就更棒了。

習慣拿毛筆寫字的筆觸，也會表現在用硬筆字書寫的筆記當中。

28 使用優質餐具

使用好餐具，就能養成周到的習慣。如果在日常飲食當中，能將親自烹煮的料理以喜歡的餐具好好擺盤再享用，不但能攝取營養，也能磨鍊感性。

有些家庭會將餐具分成客人用與日常用，有些家庭則不會，做法因人而異。但無論如何，我都建議大家在日常生活中更要使用優質餐具。因為，如果用的是即使打破也不會心疼的東西，使用的態度就會變得草率，感性也會隨之低落。

心裡想著反正總有一天會打破，擺盤一陳不變，就無法豐富內心感受、養成美感。很遺憾的是，慎重周到使用物品的習慣得靠培養才能達成。

一旦如此，即使邂逅了優質的餐具時，也可能發生無法察覺餐具之美，又或者戰戰兢兢、無法好好使用等種種悲劇。

29 學習禮儀禮法

遵守規矩、禮儀及禮法等既有規則，是養成基本周到態度的捷徑之一。學習規矩、禮儀禮法等規定，並思考為什麼要這樣做，就能瞭解基本的周到態度。

養成舉止有禮的習慣，不只是為了自己，也是為了與周遭相處。**擁有良好的禮節，不只是為了讓自己不丟臉，也是為了不讓周遭蒙羞**。

懂得為他人設想周到，是很重要的。這樣不僅能為自己贏得「處世周到」的評價，被周到相待的人也會感到愉快。

進一步而言，能泰然面對無禮之事，協助將狀況巧妙帶過，則是種更高等級的禮儀。要是眼前發生不忍卒睹的情況，你可以假裝沒看見，或是若無其事地沉默以對。任誰都會有失敗的時候，巧妙帶過才是絕佳禮儀。這也可說是周到的基本之道。

良好性格 之❺溫柔

想讓對方感受溫柔，就必須變得溫柔

我們都會為了某些人去做某些事。只要能更加意識到這點，就能對自己的存在懷抱自信。

所謂的「意識」，就是與自己的周遭和行動建立關連，去思考「為什麼」。當你能嘗試想像各種行為「怎樣做比較好」，溫柔自然而生。所謂的體貼或溫柔，就是種想像力。

若想讓對方感受到溫柔，不只要有溫柔的舉止，還必須展現溫柔的真心。這並非難事。每個人都擁有溫柔的心，只要將其表現出來即可。

30 瞭解溫柔的表現

一旦意識到「該如何展現溫柔」，你就已經展開旅程，朝「成為溫柔的人」邁進了。

請先決定你要在什麼地方展現溫柔。首先，請嘗試溫柔對待自己，這就是溫柔的練習。只要心中萌生溫柔，就能創造餘欲。只要懷抱溫柔，一整天的心情也會隨之改變。

接下來，還必須瞭解何謂溫柔。舉凡如**溫暖的目光**、**無條件的親切之心**、**對人甚至動植物等生物的同情心**、**下意識愛護周遭事物的心**等等都是。

自然展露微笑是溫柔。換句話說，就像是看見可愛的小狗靠近時，不自覺露出的微笑。這也可說是溫柔之心的表現之一。

31

溫柔是言語

傳達自己的想法是件難事。就算有這個心，但如果沒有傳達出去，就不會有絲毫進展。以準確的言語傳達心意，是表現溫柔的手段。請儘可能運用言語，將你的溫柔與更多人共享。

如實傾聽對方言語，也能傳達出溫柔。請別抱持情緒性的反感，不論任何事，請先將對方的話聽進耳裡。只要有人願意傾聽，就能讓對方感受到溫柔。只要不反駁、處之泰然地傾聽，不管是對方還是自己都能變得溫柔。

請先學習大量能表現溫柔的話語。不論何時都能脫口而出的溫柔話語，能讓任何人都獲得療癒。

32 著眼於好的一面

不論是人還是物，總會抱持太多遺憾。人就是如此，會將不幸的遭遇或討厭的事情留存於記憶中。這是讓我們得以存活下去的智慧，我們必須靈活運用相關經驗。不過如果你已經掌握了相關智慧，這些記憶就沒有用處了。

比起留下這方面的記憶，倒不如記住好事。這世上應該有很多好事。只述說好事，就能讓你看起來溫柔。不論待人接物，都要去發掘其中好的一面。

不要以自我為中心，就能變得溫柔。與其想著要騎到對方頭上，讓自己處於優勢，不如共享溫柔，培養自己的實力，也能進一步磨鍊自己的長處。

33

體貼與想像力的關係

當人感受到體貼的同時，也會體會到溫柔。一般來說，只要站在對方立場思考，就能做到體貼；而「站在對方立場思考」，其實就是去想像對方的性格或行動。要去思考自己以外的人想要什麼，其實相當困難。

我們能做到的最低限度，或許是稍微想像當下情勢的發展。在所想像的情境中，嘗試去做看看自己能做到的事情（或是說「細心關照」），如此就能瞭解何謂體貼的舉止。**體貼，是需要想像力的。**

34 溫柔的話語是極致的親切

溫柔的話語是極致的親切。

為了避免溫柔的心意淪為多管閒事，必須以他人的領域或立場做為考量，決定好自己做得到的能力範圍。一旦涉入超出自己負荷的事情，親切的本意也會造成困擾。請勿將溫柔強加於他人，如果想要親切待人，靠溫柔的話語就能表現出親切之意。

如果在任何場合都能以適當的溫柔話語傳達心意，再好不過。

35 餘欲能創造溫柔

請對自己現在做的事情懷抱自信。只要懷抱自信，內心就能游刃有餘，從而感受到溫柔，進而有能力溫柔待人。

對於自己以外的人，該如何展現溫柔呢？對於身障人士，我們很容易出聲詢問「請問您需要幫忙嗎？」但假如對方是視障人士，告知「現在這裡有什麼東西」等實際所見事物，才是更令人感激的資訊。溫柔不是種心意，而是種智慧。有能力的人只要一空出雙手，就會去做對他人有幫助的事。

餘欲與溫柔是很接近的存在。與其流露自己忙亂的模樣博取他人同情，不如稍微降低標準、放慢腳步，等到能擁有餘欲後再重新前進。

36 美的連鎖反應

現今技術或專業領域的進化，正以「今日的夢想，明日的現實」般的速度迅速推展。但另一方面，由於過度倚賴機器的力量，我們本身的生存能力感覺正在逐漸退化。受到資訊爆炸與不確定事件的操弄，也很容易迷失自我。據說，身心因此疲憊生病的人正持續增加。

在這樣的情況下，能夠療癒我們內心的就是「美」。讓我們以美麗的事物為助力，啟動溫柔的連鎖反應吧。以溫柔展現美好，就能藉此創造源源不絕的連鎖反應。

良好性格 之❻堅毅

想要養成堅毅性格，為內心重訓最有效

如果因為不想示弱，老是逞強的態度壓抑自我，「忍耐」總有一天會爆發。請別再忍耐內心的反感或不滿，也別持續記住那些難受的情緒。

另一方面，也有一些「忍耐」是為了實現希望，使其開花結果的必經過程。在實現夢想的過程中，不論多麼艱辛、多麼痛苦，都必須承受。

如果你對於任何事都很容易馬上厭煩，總是半途而廢，那是因為你不夠堅毅。即使一開始做不到，只要能堅毅地反覆練習，總有一天能磨鍊出能力，開花結果。只要方向與目的正確，「堅毅」就能讓你獲得豐碩成果。

堅毅不拔並非易事。但是請想想，有能之人都是以更堅毅不拔的心態持續累積努力。「持之以恆」將成為你的力量。

37 堅毅的鍛鍊方法

不論好事壞事，都不會恆久不變。只要堅毅不拔，總有一天也會不再那麼辛苦。不論堅毅或忍耐，都是一種習慣。這總有一天會變成自然而然的小習慣。

想要身體健康的話，只要能確實攝取營養、充分睡眠，就不會感覺辛苦忍耐的時間很長。所以堅毅的習慣，也能靠運動或伸展等來鍛鍊。持續運動時，即使你覺得已經快做不下去，肌肉卻已經做好準備，等著再多做幾下了。

只要說服自己的大腦，你還能進一步擴展忍耐範圍，這能讓你逐漸變得堅毅不拔。能洞悉本身精神與體力極限，就是你的智慧。

38

累積小小的成就感

如果對於維持堅毅不拔感到厭煩，可以藉由小小的成就感讓自己煥然一新。不論多麼堅毅不拔，如果總是要拚到覺得「已經到極限了」，也沒有意思。要是不長期持續下去，就無法抵達終點，你必須利用空檔穿插能輕鬆完成的其他事情，藉此獲得成就感。之後再回歸到原本該堅毅投入的事情上。

藉由小事讓心情煥然一新，就能獲得讓你更加堅毅的強大能量。只要在心裡描繪出成功，就能再次拿出堅毅的態度面對。

堅毅，是造就成功的必要態度，換言之也是帶來幸福的契機。

39 反覆練習

如果無法從中學習，不斷嘗試錯誤是沒有用的；但如果反覆練習有效的事，就能為自己的心靈重訓。反覆練習好的事情，就會愈來愈熟練。只要盡其所能地反覆練習，內心就會產生餘欲，為你帶來平靜。反覆練習的動作能夠穩定心靈。換言之，能為我們的心靈帶來不紊亂的習慣（這又稱為「有定性」）。

在反覆練習的過程中，你可能會發掘全新事物，或者邂逅未知的事物。當你卯足全力、認真反覆練習，智慧就會在無形間相應而生。

如果抱著半吊子的態度，就不會感到有意思，所以會開始滿口牢騷。若以隨便敷衍的心態反覆練習，一旦被他人問起，就會想要找藉口。不找藉口、不發牢騷，看起來才是堅毅不拔的人。

40 克服痛苦

「善於克服痛苦」，稱之為堅毅。「不懂得忍耐」，稱之為任性。

不要覺得全世界只有你自己是痛苦的。所謂「堅毅之人」，指的是全心全意努力的人。任何事都腳踏實地、一點一滴地累積，其實是種相當孤獨、很需要忍耐力的行為。

另一方面，大家相互討論、共同做出決定，是一種現代且有效的做法。熱熱鬧鬧、滔滔不絕，只要置身於這樣的場合，就彷彿與周遭共享了什麼，感覺令人開心，所以大多數人誰都會比較嚮往這種形式。只不過，幾乎所有領袖都是全心全意地努力，獨自克服痛苦的人。他們是看起來很開心，實際上卻獨自克服痛苦的人。

41 堅持到底

專注且不分心。如果一下子去夢想快樂的事，一下子又想著或許還有其他該做的事，就無法達到堅毅。

與其去厭惡忍耐，不如坦然接受眼前該堅毅投入的事情，如此一來就能讓需要忍耐的時間縮短。

一旦熟悉了忍耐，就會變得能思考某件事是否有忍耐的價值，能不否運用其他智慧來解決。因為知曉自身的體力限制，就不會做出無謂的忍耐。

學習堅毅的初學者，會對「忍耐」感受到超乎必要的痛苦，甚至還會投入無謂的忍耐。擁有真正堅持到底能力的人，能完成很多事情。只要能發揮堅持到底的能力，就能將忍耐轉化成樂事，達成目標。

42 持續投入單純作業

即使是覺得辛苦（愚蠢）的事，一旦完成，就能成為「堅毅」性格的基石。獎勵的有否是另一回事，只要持續投入單純作業，就能理解箇中意義。姑且不論是否有忍耐的價值，作業本身就會讓人萌生暢快感。

不論是清掃庭院或擦拭地板，雖然內心會覺得是麻煩的作業，**但只要重複投入相同的事情，忍耐就會成為一種快感**。

請思考「縮短作業時間」等其他做法的效率，從中覺察並審視忍耐的價值。

這樣的舉動還有一項附加效果，那就是能讓你獲得達成目的「強大意志」。除了能獲得「堅毅」性格的基石，還能培養出無論何時都能不屈不饒的精神。

43 以意志力掌控自我

在無法獲得他人肯定的情況下，要不懷憂喪志是件難事。因為獲得他人的盛情鼓勵，備受肯定，能讓我們感到滿足，更有自信。

無法獲得認同就會被擊潰，這是人之常情。如果在這樣的情況下還能相信自己、勉勵自己，持續邁出下一步，或許可說是最高等級的堅毅性格。

所謂的「堅毅」，指的是能運用本身意志力掌控自我的能力。不論是達成目標或時間上的餘欲，都能靠自己的意志力來駕馭。

良好性格 之❼樂觀

「樂觀」性格就是保持正向

凡事以樂觀心境接受，並以令人愉快的措辭或表現來回應。如此一來，就算是平凡無奇的事情，也會帶來快樂。特別是在內心不安時，光是聽到對方能發現並回應事情好的那面、自己期待的那一面，不安就會隨之消失，變得樂觀。

所謂的「樂觀」是一種情緒，本來就無法明確定義。你的心境將隨著你看待事物的角度而不同。既然如此，以樂觀的心境來看待事物豈不是更好？樂觀正向的對話，也能為周遭帶來快樂。

44 正向思考

不要煩惱，而是要思考。

你在煩惱什麼呢？如果是「要吃哪種點心好」之類的事情，雖然會讓人煩惱，但不論如何思考，最後總會臣服於誘惑而全部吃下肚。遭遇除此之外的其他問題時，**請不要煩惱，而是要「思考」**。

人一旦開始煩惱，表情就會變得陰沉。只要開始思考，表情就會變得知性，腦中閃現好主意的瞬間，整張臉就會明亮起來。

沉浸於一片黑暗的煩惱裡，是無法找到答案的。因為你整個人已經深陷煩惱之中，無法自拔。只要正向思考、提升動力，自然就會變得樂觀，也能從周遭獲得好靈感。

45 不論金錢或內在，都需要儲蓄

請別過度在意金錢，同時也要確實養成儲蓄的習慣。

請別老是想著「沒錢、沒預算，什麼事都做不了」，總是受到預算擺布，而是要思考沒有預算也能執行的方法。

話雖如此，我們也不能輕視小額儲蓄。即使是從一個銅板開始，也應該實行儲蓄。要是碰巧拿到新鈔，就特地收進另一個錢包裡。這是很有用的一招。撲滿的硬幣如果存滿，就存到平常不會提領的帳戶中。只要不去用，錢就存得下來。

同樣的道理，磨鍊感性也是在為你的內在做儲蓄。**只要磨鍊感性，就能為你帶來龐大的儲蓄**。這將成為你一輩子的資產，與金錢不同，它是花不掉的。

如果是為了獲得快樂，即使冠上「犒賞自己」等理由，花錢之前還是需要三思。如果是為了磨鍊感性，反而要盡情使用預算。

46 喜愛時尚

如果身上衣著的色彩、剪裁、整潔度或品味得宜，就會反映在你的臉孔或舉止上。白天穿著明亮顏色，會讓你的臉看起來容光煥發。夜晚宴會如果穿著暗色系，可以藉由衣料的色澤或光澤來補足光亮。在夜晚穿著有光澤的衣料，也有助提升整潔感。

性格開朗的人都很時尚。穿搭能反映出內在。如果衣著邋遢、缺乏時尚感，不僅看來土里土氣，積極樂觀的感覺也會隨之瓦解。

別以單品胡亂搭配，嘗試用套裝、連身裙或兩件式服裝呈現整體性。想嘗試單品時，請將顏色或色調統一，看來就會瀟灑俐落。除此之外，還可以運用包包等小配件強調重點。多層次穿搭是有良好品味者的休閒服裝。

47 精準的行動力

所謂的「行動力」，並不是「大膽冒險」這種不顧後果的行動力；而是例如看到有人走在雨中被淋濕，就能自然而然幫忙撐傘的舉止。要**虛懷若谷，同時留意周遭，思考「做什麼事，能對什麼人有幫助」**。留意本身的購物或行為，隨時抱持「這樣可能太浪費」的心情；同時在自己的能力範圍內，考量能送給身邊的人什麼禮物。

對健康付出最大關心。因為有健康的身體，才能擁有樂觀的性格。也會更容易正向思考。光是身體健康，就能對周遭有所助益，也能帶給自己快樂。

對於天氣變化的影響也要留心，別認為感冒、花粉症或傳染性疾病等新聞事不關己，對這方面要多加注意。事實上，這才是行動力，沒頭沒腦地亂衝並不是行動力。請先經過思考再精準行動。

48 描繪成功的想像圖

要時常想像快樂的事情。這也是樂觀性格的基本之道。首先，你要讓自己快樂。如果一回神，發現自己笑容滿面，並帶著笑容與人相處，就會被視為快樂的人。

例如，你可以不屈不撓地持續描繪成功的想像圖。那幅成功的情景，就足以讓內心雀躍不已，並讓你常保快樂心情。事先演練快樂，充分提振本身情緒、儲備好能量；站穩腳步後，再來確認問題點或風險吧。

擁有樂觀性格的人，不論遇上好事壞事，都能以穩定心緒思考。

49 展現開朗活力

所謂的「樂觀」就是開朗，所以最好不要常說些灰暗或負面的的話題。相反地，多開朗地聊聊之前發生的好事，或是能讓人莞爾一笑的事吧。只要開朗地述說，現在的煩惱也能轉變為快樂的事情。

笑容能展現活力，創造開朗的表情。只要持續在心裡描繪快樂的事情，就能讓自己笑逐顏開。在打招呼時、攀談時展露笑容，讓大家對你的笑容留下印象。光是這樣，就能讓人感覺你是個開朗樂觀的人。

最好別批評他人，而是提出建議。如果只是批評，誰都做得到。無法提出替代方案時，只要沉默以對或嘗試反向思考，就能找出頭緒。出言批判也無法為自己帶來活力。提出建議時要表現出開朗與樂觀，同時嘗試簡單說幾句話就好。雖然提出批判意見的人比較強勢，會讓你感覺自己屈居下風，但別因此沮喪，請抱持強烈的自信提出建議。

50 讓自己擁有明眸皓齒

雙眸炯炯有神，還有早晚勤於刷牙而擁有的潔白牙齒相當棒。笑容能讓人感受到開朗的性格。只要雙眸閃閃發亮，就能讓他人接收到樂觀愉悅的能量。所以，在平常儘可能展現你閃亮有神的雙眸吧。

可愛小狗的特徵就在於圓滾滾的閃亮大眼，讓每個人看到都會覺得可愛，想餵食牠或抱抱牠，這點大家都很清楚吧。特別是當小狗想吃飯時，就會用可愛的姿態飛奔過來。這正是寵物們的特技。

51 正向樂觀到少根筋

請正向樂觀到被說「你還真是少根筋」的地步。就算是壞事，或是稱不上好事的事情，只要其中能有些許好事萌芽，也會令人開心。

就算起初不順利，之後也肯定會出現好兆頭，端看你有沒有發現。要是只想著「糟透了」，從此自暴自棄，那就真的完了。只要反覆思考，直到發現其他做得到的方法，就能逐漸看出那些徵兆。

培養出不放棄、不沮喪，凡事打頭陣的正向樂觀，絕對會成為推動事物進展的力量。

第2章 提升美的涵養

許多人會根據外觀評斷他人，這是事實。憑藉外表的第一印象，就能感受到一個人的品味或生活的感覺。

為了看起來更美，隨時努力讓自己變美是很重要的。

所謂「美麗的人」，指的並不是有著與生俱來美貌的人，而是努力讓自己看起來很美的人。

將外觀打理得井井有條，是一種最容易辨識的「自我涵養」。只要努力的成果看得見，也能成為一種激勵。

美麗外觀 之❶服裝儀容

將服裝儀容打理得清爽美觀、整潔俐落

從古至今，日本人基本注重的服裝儀容在於清爽美觀、整潔俐落。特殊場合的盛裝打扮容易暴露出貧富差距；但如果是一般服裝，只要別穿得亂七八糟，看起來乾乾淨淨，不管是誰都會稱讚一句「很棒」。

另一方面，在現代似乎可以靠一套休閒服走遍各種場合；但事實上，適時的正式打扮能夠成為獲得信任的密碼，各位最好還是要認知到這點。首先從檢視自己是不是隨時都抱持美麗開始。感到自我滿足嗎？很好，請繼續保持。

52 表現自我的「服裝」

近年來「服裝」、「衣裝」等詞彙，往往讓人聯想到特殊的舞臺服裝、新娘服，又或者是COSPLAY（角色扮演）用的特殊服裝。日常生活的服裝，好像說成「穿搭」、「洋裝」、「衣服」等等，比較耳熟人詳。不過只要是穿在自己身上的東西，不論任何場合，都可以稱為「服裝」。

服裝能自然而然地表現自我，即使本人沒有察覺，他人也會據此做出某種評斷。不論是T恤加上牛仔褲，或是簡單的夏日洋裝，這些都是能表現自我的「服裝」。

請將「服裝」一詞視為重要的自我表現，對於服裝有所意識。抱持這種意識，就是打理好自己服裝儀容的第一步。

53 整潔感與氣質

嘗試注意整潔感與氣質。毫無髒汙的整潔當然不在話下，色彩或款式也能呈現整潔感。如果是明亮的中間色系，就能呈現出無可挑剔的整潔感。

想靠深色或看不出髒汙的顏色營造整潔感並非易事，但如果服裝款式簡約，只要搭配白色罩衫等單品，也能呈現整潔感。

當你步出家門前往公司，這一路上就已經算是職場的範圍。穿得過度休閒去公司，會讓人感覺你是要去公司玩。雖然在這個時代，聽到這種嚴肅的說法可能會讓人一臉問號，感覺很落伍；但是只要將自己的打扮想成是舞臺上的「服裝」，就能讓你輕鬆「演出」。

只要一出家門，就能自然而然表現出商務人士的言行舉止，就算是大大成功。服裝有幫助你培養出這方面的涵養的作用。

意識到自身行動的打扮，能讓人感受到你的氣質。請以整潔且有氣質的打扮妝點自己吧。

54 「服裝」做為自我主張

服裝隨時都能做為一種自我主張，卻很少有人認真抱持這樣的自覺。所謂「以服裝做為自我主張」，指的可能是某些需要樹立顯眼形象的職業人士。例如不論去哪裡，總戴著一樣帽子、穿著同類型服裝的人，他們的一身打扮就是招牌，讓人一看就知道是誰（強烈的個人風格）。

決定出強烈的個人風格固然是件美事，但一般人還是會希望在呈現方式上擁有自由度。**比起自我主張，更要試著去享受「自己美不美」的樂趣**。

TPO（Time（時間）、Place（地點）、Occasion（場合））並非八百年前的規則，而是為了讓你閃耀動人，幫助你思考某些時刻要穿著什麼風格、要進行哪些調整的線索。

55 瞭解什麼適合自己

服裝被流行牽著鼻子走的時代已經結束，現在是決定出恰到好處的自我風格的時代。能在生活中敏感掌握時代脈動的人，時尚品味自然會貼近現今潮流。只要與自己相得益彰，看起來就永遠不會落伍。

「稍微跟一下流行」這種小聰明，無法琢磨你的自我品味。**所謂的「時尚」，就是「感受、觀看、理解、思考」**。如果感受到美，就仔細觀看，理解箇中魅力所在。然後思考：如果換成自己，是否合適？在這方面不出錯的人，就是擁有時尚品味的人。

如果能認識自己的特色，及早決定好自己的風格，就不會亂買一堆沒用的東西。檢視你現在的衣帽間或衣櫃，將衣服控制在能整齊放置於其中的量，同時像精品店一樣以「容易查看、容易取出」的狀態收納，就不會出現沒用的東西。這是擁有固定風格的理想形式。手提包或鞋子等配件，也根據自己一致的風格，擁有最低限度的高品質單品就好。

56 決定自我風格的原則

許多對於時尚興趣缺缺的人，明明衣櫃的衣服多到放不下，要穿時卻老是找不到想穿的，於是又想繼續買下去。這是為什麼呢？

想要解決這個問題，不是光靠限制衣服的數量就好，而是要建立對自我風格的自信。也就是說，對數量踩下煞車之前，要先決定好自己的風格框架（原則）。

舉例而言，看是要選擇①連身裙、②套裝、③兩件式還是用④單品搭配（非套裝）；看是要選擇褲裝還是裙裝。

每個人的體型各不相同，能完全適合個人體型的款式與顏色並沒有那麼多。這麼一來，自然就能將衣服數量減少，而且隨時都能決定出適合自己的服裝。

如果你總是因為「每種衣服都想穿」，或是「穿著一定要符合流行」的強迫觀念而不知所措，最後可能會失去那個對於自我風格懷抱自信的自己。

57 用心找出適合自己的穿搭

說到時尚，首重服裝搭配。無論是高級名牌、訂製服抑或是古著，即使將各種單品混搭，也能營造出絕佳平衡，讓人無從分辨其中差異。這憑藉的正是穿搭技巧。

不管是全都穿著高級名牌，或是混搭品質良好的古著來作出變法，想法因人而異。只要能呈現出**「令人不在意衣服品牌」的高級感**，就算成功。目標是找出讓人不經意一看，就忍不住想問「這是哪個牌子」，完全適合自己的穿搭。

當然，雖然講說「忍不住想問」，但千萬別真的去問對方的衣服牌子，這樣才不會失禮（對方想聊品牌時則另當別論）。不妨說句「真的很適合您」來稱讚對方。總之，穿搭得宜是非常重要的。

58 下班後的私人時間，更要注重呈現自我

日常生活或私人時間的穿搭，要儘可能選擇優質又有品味的品項。這也是自由展現自我的機會。外出服或通勤服裝會受限於前往的地點、工作，以及各式活動等自身喜好範圍以外的因素。只有在日常生活、在家度過的時間或私人時間時，才能嘗試自己喜歡的穿著，或是指為自己打扮。

雖說是「私人時間」，要是穿一些弄髒也無妨的舊衣服，或是做一些對於穿搭毫不在乎的邋遢打扮，會有損你的品味。請選擇適合大人穿著的優質日常服飾，或是以新穎色彩做搭配的休閒服飾。即使只是在整理庭院，也要穿上不遜色於花朵的個性服裝。

工作服不只講求機能性，同時也要講究色彩。自在的家居服不只要輕鬆舒服，也要符合室內布置的氛圍。只要平常習慣穿著優質服裝，服裝就會逐漸與身體融為一體，為你創造出適合穿著優質服裝的體型。

如果能用日常服裝穿出瀟灑、決定出適合自己的色系，這也能成為打造適合優質服裝體型的一種鍛鍊。

59 不論何時都別忘了飾品

適當穿戴、搭配飾品，就能營造出盛裝感，也能呈現自我個性。不論是珠寶飾品還是人造飾品，最重要的都是品味。

無論珠寶飾品多麼高價，與配戴者的內在格調一致最重要。換言之，光是讓配戴者看來像個有錢人，並不會提升那個人的格調。不論是使用真正寶石的高價珠寶飾品，又或是使用輕質塑膠的人造飾品，讓其看起來無與倫比的關鍵，就在於有品味的選擇與配戴方式。

為此，穿著休閒風格時也不妨嘗試在某個地方多加個飾品。如果想要熟練地配戴，就要養成隨時配戴飾品的習慣。

60 配件更要選擇優質品項

鞋子、手套、帽子、飾品、包包、眼鏡、太陽眼鏡、手錶等，身上配戴的所有配件所呈現出的優質感，能夠左右配戴者的外觀印象。比起華麗感，即使飾品老舊或是贗品也無妨，能巧妙搭配最重要。

例如手套或帽子，可能會戴上或是脫下來拿在手上。如果戴上、脫下的時機，還有當下的動作看起來都很美麗、毫無違和感，就能感受到精雕細琢的品味。近年來戴帽或脫帽也變得非常自由，從中或許也可看出一個人的品味與涵養程度。

如果提著塑膠袋或購物袋，會讓好不容易營造出的穿搭毀於一旦。請將東西裝入托特包或好看的環保袋中。即使是高級精品店的大型購物袋，如果連後車廂都放不下，就請人宅配吧。

61
總是維持相同髮型

持續維持相同髮型，會成為一個人的註冊商標。要找到適合自己髮質或臉型的髮型很難，想要模仿他人更難。如果能找到適合自己的髮型，將頭髮打理得乾淨整潔，是很棒的一件事。如果很習慣戴假髮，或許也是個不錯的選項。

穿搭的重點，就在於髮型與鞋子要相互搭配。

62 擅長與流行打交道

「流行」雖然不再像過去一樣擁有那麼強大的影響力，但不論到幾歲，都還是要時時關注流行趨勢。

時至今日，我們追求的方向不再是「避免自己過於突出，與別人相同才安心」，而是為了打扮得有個性、有品味而去參考採納，隨時掌握流行資訊。

一開始可以先觀察、模仿可能適合自己的時尚偶像穿搭。這裡要注意的是：別從頭到尾都模仿別人，而是去模仿「穿搭技巧」。為此，你必須好好觀察，發掘他們的穿搭原則。別忘了服裝與自己體型的關係。

靠著一點一滴的累積，就能磨鍊出自我風格，成就更洗鍊的品味，並創造出無與倫比的獨特個性。

美麗外觀 之❷姿勢與舉止

姿勢良好、舉止優雅，就能帶來好印象

姿勢良好，總是笑臉迎人的人是最棒的。光是看到感覺就很好。穿在身上的衣服請不要皺巴巴的，注意服裝得宜美觀。

良好姿勢對於提升自我涵養能發揮絕佳效果。即使已經養成姿勢不良的習慣，還是能靠自己恢復良好姿勢。只要加以察覺並隨時將自己調整回正確姿勢、反覆練習，就能在不知不覺中建立「維持良好姿勢」的習慣。一旦恢復良好姿勢，不良的姿勢反而會讓自己感到不舒服。

維持良好姿勢，也是為了健康著想。如果能恢復良好姿勢，看起來就會健康又美觀。動動你的胸小肌，嘗試鍛鍊一下吧。

63 認識何謂良好姿勢

「抬頭挺胸」是良好姿勢的首要條件。**下腹部收緊**、背脊打直，感覺頭頂有一條線往上拉，並將肩膀放鬆（自然垂放）、頸部伸直，挺起胸膛。感覺自己的背部像是有對天使的翅膀一樣，精神就能為之一振，整個人看起來也就不會無精打采。

成衣都是標準尺寸，所以一般都是配合身形來修改衣服；但你也可以讓自己擁有無須修改衣服就能讓衣服相當合身的身形，當作自己外觀上的當前目標。換言之，**就是讓你的身形去搭配服裝**。

只要姿勢良好，行禮時也會看起來很美。在日本，「招呼」與「行禮」兩者可說互為一體。打完招呼，接著行禮。從點頭致意到深深鞠躬，狀況各不相同；但只要姿勢良好，不論何種行禮都會看起來很美。

總之，讓自己有良好姿勢才是先決條件。

64 隨時保持笑容與豐富的表情

隨時保持笑容是不可或缺的。笑容明朗美麗的人，能讓任何人都抱持好感。這是因為笑容能讓人感到安心。笑容是在向對方傳達「我是站在你這邊的」。

為了能持續展露笑容，還請養成在獨處時對著鏡子練習微笑的習慣。練習讓嘴角上揚，並讓眼角浮現笑意。

彼此四目相接時，隨即展露微笑是種好習慣。如果每個人都能展露人畜無害的笑容，就能打造出「笑容環境」。

除了千篇一律的笑容之外，如果能展現豐富柔和的表情，就更好不過。

- **溫柔和善的正經表情**（真誠與信任確實提升的根據）
- **愉悅的表情**（想像自己獲得獎勵）（抱持感恩的心）
- **快樂的表情**（想像發自內心的快樂）
- **具有感染力的溫和表情**（想像眼前出現可愛幼犬或寶寶）
- **開朗的表情**（在身邊擺放能沉澱心靈的美麗物品）

・平和的表情（消除內心的不滿吧）

做好表情管理並非簡單的事，特別是在遭遇困難時，很容易就會在表情上暴露出「不可能」的自暴自棄感。但只要腦袋努力想要解決難題，就能展露笑容，或許也能召喚出靈光乍現的瞬間。

臉上的表情與臉型並沒有關連。不論一個人外型多麼美麗，如果總是一臉不滿，就無法稱作是真正美麗的人。在通勤去程或回程上，不論是路旁小花也好、別人庭院中的季節性花木也罷，不妨好好凝視這些能讓心情平穩的事物，積極展露柔和的表情吧。

65 溫柔直視的眼神

視線的方向很重要。所謂美好的視線，就是溫柔的直視。例如父母慈愛望著孩子的溫柔視線。無論再美的人，都應該避免斜眼看人或翻白眼。

視線須與身體方向、脖子方向一致。直視對方雙眼稍微下方一點的位置。經常保溫柔的心情，就能展現溫柔的眼神。也就是要以「嘴角不自覺上揚」的心情看待周遭。

另一方面，你的身後也必須要「長眼」才行。這是為了避免撞到其他人或東西。這方面不能光用眼睛看，而是要感受周遭的動靜或想像自己身後的狀況。除了看人的視線之外，看東西時也要將溫柔直視的眼神做為基本考量。

不帶偏見的平等眼神，就是能夠正確判斷事物的視線。

66

維持優美的步行姿態

只要維持良好姿勢，就能站得筆直，步行姿勢也不會歪七扭八。如果在意自己的姿勢或步行方式，可以在走路時看著櫥窗玻璃反射出的自己。只要這樣邊看自己的樣子邊走，那份緊張感就能讓你走得比平時美麗。而只要改掉一直以來的壞習慣，展現優美的步行姿態，心情也會變得雀躍。

上半身朝上方伸展，運用腰部力量行走。不要駝背、記得挺胸，**儘可能大步邁出步伐，大腿內側用力，俐落而穩定地移動你的腳步**。

就算著急，也別奔跑。奔跑很危險，而且光是那焦急的情緒就足以造成危險。

67 動作之下蘊含沉穩

意指緊急時刻也不慌張。慌張，就是喪失平常心的證據。即使是平常的時候，從椅子起身時被東西絆到、又或是把東西弄掉，都是內心一隅慌張的證據。請告訴自己「謹慎、鎮定，別著急」，讓情緒穩定下來。

把東西弄掉，就得有某個人去撿。就算是自己去撿，也無法展現出什麼優美的舉止。只要注意別把東西弄掉，自然就不用花力氣去撿。更重要的是，必須注意別碰撞到別人。

68 流暢自然的行為舉止

在優美的行為舉止之中，一連串的動作是很流暢自然的。但如果過度緩慢，也會給周遭添麻煩。要隨時注意維持一定速度，讓手腳的動作逐漸像是行雲流水一般。

重新審視運用到身體的一些基本動作——**拿東西、放東西、拿東西、關門、開關抽屜**——只要練習流暢地去做這些日常動作，不論外出時的突發狀況，又或「該一決勝負」的場合，都能表現出優美的舉止。

藉由習慣，就能讓自己的動作變得自然而然。也就是說要持續練習，不斷重複相同動作，直到自己在面對出乎意料之外的情況時，也能展現準確的動作。

目標是讓自己在行動時彷彿背後長了眼睛一般。不要堵在別人前面、擋到別人，也不要碰撞到在自己身後移動的人。如果能夠自然做到這些，就是最極致的美。

69 雙腳併攏

不論站立或坐著，展現魅力的重點都在於優美併攏的腳部。比起姿勢，更重要的是動作。只要動作優美，就不會讓人感受到姿勢上的缺點。若無其事站著時，也不要雙腳大張，對於手腳位置要有所自覺。

其中的一隻腳要位在另一隻腳之後，呈現稍微交叉，並讓身體些微傾斜，手臂自然下垂，雙手在前方交疊——這是基本站姿。

所謂的「對立平衡」（contrapposto）是種動態的雕刻形式，**只要有意識地呈現重心在單側腳的站姿和S曲線，看起來就會更美**。舞蹈中也有所謂「反向抑制步」（contra check），這是一種伸展腳部的美麗姿勢。

坐著的時候，最後不要長時間蹺著腳。這樣可能導致身體歪斜。坐在椅子上時，請讓你的腳掌在斜前方併攏，腳尖下壓讓腳背伸展。

請避免蹺腳，同樣也請避免將雙臂交叉於胸前。不論任何時候，即使是疲憊時，也要避免將雙臂交叉於胸前。吃飯時當然也不能將手肘撐在餐桌上。這不僅不符合禮儀，也會破壞端正的姿勢。

70 細心謹慎、兼顧曲線的手部動作

拿東西時，對於手部動作要有所意識。拿東西時用單手穩穩拿好，另一手托著。一定要用兩手拿。這是為了避免東西掉落。只要東西一掉，就算沒有摔壞、破損，也會驚動旁人。

自始至終都要注意手部曲線。美麗的手就像人偶的手，換言之就是手指併攏，讓人感覺有些弧度的形狀。儘可能注意別讓手指大幅張開，別呈現大把抓東西的形狀。

指東西時也別只用單根手指，而是要用併攏的指尖（拇指靠著中指）來指。

71 動作時不發出聲響

開關門窗、拉出或放回椅子等移動家具的動作；或是用餐刀在盤子上切肉、喝湯……等等，在這所有一舉一動之間都能注意不發出聲響，動作自然就會看來細緻美麗。

經手物品時，儘可能在靠近身體之處動作。以彷彿手一伸離就會感到依依不捨的距離為原則。即使是輕的東西也不輕忽，重物則是要穩穩拿好，動作看來彷彿輕如鴻毛。

一旦習慣在動作時不發出聲響，看起來就會變得美麗。

美麗外觀 之❸融入各種場合

配合各種場合閃耀自身光芒吧

如果一面倒地只注重某方面，外在的美麗是無法成立的。只顧著彰顯本身個性，恐怕會過於特立獨行。首先，請意識自己的行為舉止是否符合當下的場合，以及目的或時間。

行為舉止有其流程。另外也要充分思考目的所在場所或時間先後。

只要能合乎時宜，就不至於過度特立獨行，能夠融入其中，在不招搖的情況下散發屬於自己的光芒。

72

在各種場合都能閃閃發光的日常生活

營造美麗外觀的基礎之道，在於日常生活的行為與空間。日常生活的重心總是會著重於實用性。在現代生活之中，不論行為還是物品，總會以方便、輕鬆、順手、簡單等為優先。但如果這麼一點一滴累積下去，隨便馬虎就會變成主流。最終變成「怎樣都無所謂」。

不論空間或物品，愈是簡約，其收納或使用方式的精緻度就愈重要。那是為了支撐起優雅的生活。這正是著眼於微小細節之美。

日本人常說「神靈就附於物品細微之處」（魔鬼藏在細節裡），正是希望大家去注意那些細部、角落，不起眼之處，慎重看待。擁有優質細節的物品，不僅本身就是一種美，還能提升簡約生活的空間品質，造就具有深度的美感。甚至，還能讓經手該物品者的行為舉止也隨之變得美麗。

73 旅行時裝扮要融入當地

即使是在旅行，融入當地、避免讓自己看起來格格不入是很重要的。意識到「自己也是景色的一部分」，是讓旅行更添樂趣的加分要素。

就算是要去健行，弄髒也不顯眼、容易活動，穿起來舒服輕便的打扮其實也有其他選擇；特別是像歐洲的古城等，這樣的打扮會與美麗風景完全不搭調。

不論去哪裡，即使是一人旅行，也要對周遭有所意識。正因為周遭都是不認識的陌生人，才更應該時時惦記要以應地制宜的姿態，融入景色之中。

74 所到之處也要避免讓人感到格格不入

初次造訪別人家時，請不要我行我素，稍微放慢步調來配合對方吧。只要在自己家裡時行為舉止合乎時宜，造訪別人家時，也不會讓人感到格格不入。

不論是脫鞋方式、坐椅子的方式、喝茶的方式等，要是平常總是只用馬克杯喝東西，要去用對方拿出的杯碟組就會緊張，但如果自己平常就常用杯碟組，就不會顯得手足無措。

正確的行為舉止，與空間大小無關。為了能讓自己不論身處何處，行為舉止都能自信大方，請在平日就讓身體習慣。即使住在狹小空間，也不會對寬敞空間手足無措；即使住在寬敞空間，在狹小空間也不會東撞西撞。

請留意進入玄關時穿（戴）帽子、手套、外套等的動作。穿（戴）脫動作正是展現美感的時候，也是一個人能閃耀光芒之處。

75 調整好飲食姿勢

飲食方式能顯現出一個人的日常生活或至今的成長過程，簡單來說就是一個人的「家教」。飲食也是日常生活的中心，同時也是建立社交連結的場合。所以電影等戲劇的飲食場景中，吃法往往是表現角色性格的重要場面。

必須注意筷子的拿法或刀叉湯匙的使用方式，一邊享受與他人的對話，啟動味覺、感受美味。箇中祕訣，當然就是習慣餐具的正確使用方式。

- **每次送進嘴裡的量要少一些**。在此意指，隨時展開交談時，都能一口吞下的量。
- 以餐巾紙或口布按壓嘴角髒汙，注意**避免弄髒玻璃杯或餐具**。
- 葡萄酒杯要小心**別握住杯身**（為了好好欣賞葡萄酒色澤，會避免在杯上留下指紋，所以要以指尖拿杯柱）。
- 他人為自己斟酒時，請將杯子放在桌上，輕輕按住杯底。
- **吃日本料理時，請留意筷子的髒汙**（進食時只弄髒筷子尖端九公釐是專家等級，弄髒三公分是極限）

・使用杯碟組時，用一手拿著杯耳（手指不要穿進去），另一隻手托住杯碟。**要將杯與碟視為單一餐具來使用**。有茶托時，用右手只將茶碗拿起，放到左手上，並用右手扶著喝。不要只用單手喝。

將食物剩下，會讓對方認為是你覺得食物不好吃而耿耿於懷。起初先拿少量，再慢慢追加，能展現「很好吃，所以想多吃一點」的印象，能讓烹調者開心。有人服務時，可以先悄悄傳達「我要少一點」。平時在自家吃飯，就要意識到食用量。

不過，據說在中國如果全部吃完，是代表「份量不夠，想多吃一點」的意思，把食物剩下才是種禮儀。

不論如何，參加宴席時，事先調好自己的狀況是必要條件。

76 飲宴的優美舉止

在餐會場合展現美麗姿態雖然重要，但事實上，喝酒這種行為更要求美感。

成年男女喝醉胡來當然讓人無法接受，而千杯不醉的人也要佯裝恰當的微醺，節制飲酒量。如果完全不能喝，本來就不該參與飲宴，不然就只好假喝了。

節制得恰到好處，維持優美舉止才是成年人應有的表現。如果想要喝到酩酊大醉、不省人事，建議自己在家喝就好。

77 商務宴會上的基本行為舉止

臺上致詞時，請輕聲細語，專注於致詞。

交換名片時，簡單交談後雙手奉上。

站立用餐的情況，不要只顧著吃，請在會場內稍微走動寒暄幾句、觀察他人，好好享受宴會。藉由走動，也能看見會場內展示的東西。

此外，也要意識到「別人從遠處也能看見你的一舉一動」。請將意識集中於背部，腰桿挺直。在會場內走動時不要慌亂，沉穩環視四周，一邊與熟人點頭致意，邁出稍大的步幅。

拿取物品時，請特別留意手指的動作也要柔美。

如果能事先備妥任何宴會都用得上的一分鐘（約兩百六十七字[1]）講稿，抱著有趣的心態記住簡單招呼或「謝謝」的各國語言說法等，有朝一日應該都能派上用場。

2. 一般而言，日文字通常會比中文字多出約三成。

78 巧妙接受他人服務

對於像是有人幫忙脫下外套寄放、離開時穿上原本寄放的外套等服務，平常就讓自己習慣如何巧妙接受類似服務，這點意外重要。

祕訣在於不要不好意思，動作大方自然。簡單說來，也就是要習慣那樣的場合。如果能輕鬆巧妙地接受服務，就能展現優美舉止。

不要磨磨蹭蹭，才會讓服務者感覺比較好，也能迅速為更多人服務。如果能順暢為更多人服務，就會受到大家感謝，服務者也會很開心的。一起協助類似服務流暢進行吧。

79 隱藏驚訝

在初次造訪的地方，面對首度遭遇的事，不論好壞，常常會讓人感到驚訝。此時要隱藏本身驚訝，表現出對自己而言是家常便飯，這可以說是種完全融入當下的美感。你可以隱藏驚訝，先觀察周遭，再配合周遭行動。

遭遇突如其來的異變（自己遇襲除外），正是考驗平日涵養的時刻。在哇啊地驚叫之前，先看看自己以外的人是什麼樣子。詢問「有人受傷嗎」、「有造成什麼不方便嗎」，喘口氣後思考「現在應該做什麼」。情況緊迫時，更需要提醒自己沉著準確行動。

為此，必須藉由新聞等平日所見所聞的事故或事件，去想像「發生了什麼事、為什麼會發生」，從這樣的虛擬體驗中學習。別認為事不關己，只要覺得這樣的事情也可能會發生在自己周遭，自然就會對巧妙因應的事例感興趣。

80 展現屬於成熟女性的魅力

大家多少會希望外表看來性感或可愛。但如果一個成熟女性企圖藉由行為舉止、打扮等來展現出性感或可愛，往往會損及本身氣質。有時看來反而可能讓人心痛。為了避免這種情況，該怎麼做才能展現女性的魅力呢？

不論可愛或性感，都被視為能吸引男性的女性魅力，是外表上的優點；不過，就算不特意多解一顆胸前的扣子、不賣弄風情似地甩動長髮，藉由深入內在的成熟韻味，還是能讓人感受到女性魅力。

就算不發出像孩子般的高亢嗓音、不化妝得像個洋娃娃，只要表現出合宜的行為舉止，藉由真誠應答、擅於傾聽的笑容，也能展現可愛風情。成熟女性的魅力，或許在於尊重對方，還有其中蘊含的體貼。換言之，是由內而外自然散發出來的。

81 公私分明

生活有公私兩個層面，如果能優美地表現出區隔，就能說是擁有絕佳涵養。工作或社會參與是公，屬於自己的問題是私，然而公也可能摻雜私，私也可能摻雜公。

話雖如此，我們必須避免看來與優美相差甚遠的公私混雜。例如，在工作中處理私人郵件或接電話等。在公領域，儘可能努力避免這些情況是最基本的。

甚至是命令部屬處理自己私事、接受交易對象招待或獨佔禮品、花公費濫用計程車等公私不分的事，在談到「遵守法規」的問題之前，這已經是身而為人毫不優美的樣態了。

而最嚴重的問題，就是挾著私人問題投入公領域的工作。即使表面看不出來，這個問題也會赤裸裸地呈現於工作結果、成果或精準度上。

要不要當個二十四小時不休息的工作狂，是個人選擇，但是不將工作問題帶入家庭，也不讓家庭問題影響工作，才能說是充分擁有涵養。

其中關鍵在於「切換」。特別是，在家庭中的切換。

所謂的「家」是讓人放鬆休息的地方，也是給人寧靜溫暖的地方。與其老想著需要他人溫柔撫慰，自己先積極給予溫柔的「切換」，才是消除疲勞的最好方法。

家庭的溫暖，就是如此撫慰人心。為了展現適合該場域的自我，自我控管會變得愈來愈重要；之所以做得到這一點，也正是因為在家庭中能夠充分獲得放鬆與療癒的關係吧。

第3章 提升健康美的涵養

培養健康美的涵養，與健康以外的其他涵養，可說是互為表裡。這是因為，身體健康足以左右一切。只要健康，就能美麗；只要氣色好，就能讓人留下開朗的印象，光是看到你神采奕奕，就能讓對方感到安心。如果與你相處無須小心翼翼，心情自然輕鬆。

為了成為具備涵養的美麗大人，基本上需要靠自我鍛鍊。有時則需要專業人士的指導或建議，或憑藉他人的幫助來健身或訓練等。

話雖如此，完全委由專業人士代勞所費不貲。自我鍛鍊是一切的基本之道，即使藉助專業人士之手，想在日常生活中持之以恆，還是必須靠自己的意志力與精力。

健康美 之❶健康管理

健康管理是日常生活要務

健康管理是提升自我涵養的基礎。雖然會不自覺想說「平常就算很注意，還是會不小心感冒，這也沒辦法」，但這並不是「沒辦法」，而是「沒有注意」。成年人的健康管理，必須由自己負責。

平日就不能輕忽，要讓自己毫無藉口地注重健康管理。

82
致力維持良好身體狀況

一般人往往會在意胖瘦等體型問題，但對於自己的身體，更重要的是瞭解像是呼吸、排泄、免疫、消化、神經、循環、吸收、代謝等身體內部的機能。雖然這方面需要醫師的診斷，不過輔以自己對於這些特徵的觀察，多加注意、重視保養也是很重要的。

雖然身體機能乍看之下都相同，但是每個人都會有微妙的個體差異，瞭解並巧妙運用自己的身體，就能維持健康。

- **事先瞭解自己的正常體溫**。藉由微妙的體溫變化，瞭解身體狀況。
- **「常洗手、漱口」**、**「保濕」**是現代人的常識。
- 牙齒是美麗與健康的源頭。請養成定期檢查與每天勤**刷牙**的習慣。
- 別忘了**足部保養**。小腿是第二個心臟。請常保末稍血管、微血管的活性，維持良好的血液循環。
- **剪任何指甲**都必須注意。原則上要根據指甲形狀，用心地好好修剪。

83 養成保養身體的習慣

雖然為了健康著想而減重有其必要，但一旦為了追求美麗而減重，就可能陷入減重成癮的危險之中。

健身著重的並非做了幾個小時、做得多賣力，重要的是適不適合自己、有沒有效果。瞭解這樣的健身方式對自己是否有益處。應該著重的並非體重數值，而是體態與身體動作。不只要瘦就好，就算體重沒有變化，肌肉的衰退或脂肪的囤積也會隨著時間（也就是隨著年齡增長）而產生變化。

- 有意識地動動手指或腳趾、轉轉肩膀、按摩頭皮等平常使用不到、動不到的部位，有助於自己的美麗與健康。
- 注意身體各部位是如何動作，注重平日保養，拓展各部位的可動範圍。
- 養成習慣，在他人沒注意到時**隨時動動身體**。
- 平常動不到的肌肉會慢慢變得僵硬。請運動一下這些肌肉，讓該部位舒緩放鬆。
- 運動肌肉時，為了讓氧氣到達肌肉，好好呼吸會很有效果。

- 使用過的肌肉也必須休息，不過這裡的意思是「別讓肌肉運動過度」。
- **養成習慣持續投入**不動於專業健身的**輕量運動**，會很不錯。
- 不論任何人都會感冒或暴露在各種危及健康的因素中，想憑藉注意力及早痊癒，就必須擁有一定程度的強健體魄。平常就以此為目標吧。
- 充分透過飲食攝取來補充營養、提升免疫力，同時也藉此提升吸收力。
- 精神壓力也會導致免疫力降低。請養成**充分睡眠**、**保持情緒穩定的習慣**。
- 減少因視覺刺激而萌生的美食嗜好，讓自己學會去感受身體當下所需的營養為何。
- 均衡攝取健康食材，培養基礎體力，藉此提升自癒能力。

84 養成排毒習慣

維持血液、淋巴的良好循環，可以說是基本的健康之道之一。一旦血液循環不好，就會發生像是手腳冰冷、肩頸僵硬等切身危險，而淋巴循環不順暢所引起的橘皮組織，會讓循環變得更糟，老舊廢物也會囤積於體內。

- 請養成攝取適當水分的習慣。一天理想的攝取量為一公升至一．五公升。
- 若身體無法進行適當代謝，**排毒或排泄不順，吸收力就會降低**。
- 不能只顧著吃，讓內臟休息也很重要。同時也必須注意怎樣的進食量、進食時間適合自己，並給腸胃休息的時間。
- 就寢前兩小時停止飲食，接著從一大早到中午這段時間（適合自己的時段就行）排毒會很有效果。也有人可能比較適合好好吃一頓早餐的飲食循環。在自己的生活規律之中，安插某段排毒時段應該會很不錯。

85 靈活運用生理時鐘

所謂的「生理時鐘」是自己體內所感受到的時間。像是肚子餓了，所以覺得大概是幾點；感覺睏了，所以覺得大概是幾點等等。關於生理時鐘的研究日新月異。請多關注這方面的相關資訊，對促進健康有所助益。

- 生理時鐘基本上會將早上的起床時間視為一日之始，重新設定。一大早淋浴、做伸展、深呼吸，能提升生理時鐘的重新設定效果。
- 假設將上述時間設定於七點或六點，就算比平常晚睡，還是在相同時間起床比較好。**補眠雖然沒有效果，但不無小補**。睡眠不足時，該做的不是在早上賴床，而是晚上早點睡，維持一定的起床時間，讓生理時鐘回歸正常。睡眠不足是需要優先解決的事項。
- 一般認為睡眠時間要有七至八小時較好，但是每個人的情況不盡相同。
- 也有研究數據顯示，白天飲食，要挑選消化功能高的時段好好進食；晚間選擇輕食，進食時間最晚要在就寢兩小時前為佳。

86

致力於維持體態

身體並非一天就能打造而成。為了形塑優美體態、保持身體健康，必須投入適合自己的健身活動。適合自己的健身活動，必須要毫不懈怠地持之以恆。持之以恆絕對會帶來變化。就算休息一天，隔天就重複去做。這並不是指要錙銖必較到休息一天就沒效果，我們期待的是一年、三年、五年、十年等長時間帶來的變化。

自律不論對肉體或精神（內在）而言都很重要。醣類與脂肪等同於美味的甜點，對這方面如果能夠自我控制，應該就能擁有良好的涵養。內心的不穩定，也是過度渴望甜食的理由之一。

不是一味想吃，而是滿足地適量節制，可視為精神穩定的指標。要是無法擺脫甜食的話，還請審視一下自己的內心狀況。

87 讓舉手投足更為洗鍊的訓練

為了讓身體動作柔美，必須每天持續訓練。你也可以做些像是芭蕾、舞蹈的基本動作，或是日本傳統舞蹈或能劇的基本動作。只要培養這樣的習慣，日常生活的舉手投足就會更為洗鍊。

另外，也可以練習如武術等能讓姿勢更佳的基本動作。只要具備這些基礎，動作與動作之間的銜接也會變得流暢，看起來也就更沉著穩重。

日常生活中頻繁使用的物品，都要選擇優質物品，這些物品會教導我們舉手投足的方式。

所有突如其來的動作都讓人不忍卒睹，所以請注意儘量別做出突然奔跑等動作。

健康美 之❷美容

不惜努力變得更美

如同健康，每個人不論肌肉型態、五官長相、肌肉特徵、髮質等，絕對都擁有與他人不同的美麗部位。需要根據個體差異，費心打理。也就是說，必須不惜努力，好還要更好。

即使每個人的手腳粗細或長短各有不同，努力持續雕琢自身美麗，正是讓自己更美的第一步。只要讓身體更美，行為舉止看起來也會顯得優美，給人的印象也會變好。現在是需要打造個人品牌的時代，必須對自我價值有所自覺，並加以提升。讓自己看起來優美，正是非常有效的個人品牌營造方式。

對於美容知識，請隨時掌握最新資訊。

88 對美的資訊求知若渴

不僅限於美容，請對美麗相關資訊求知若渴。從身邊事物，乃至於乍見似乎與自己毫不相干的名人等，請不分國界、性別，同時無關社會階級，只要認為是適合自己的美麗資訊，都要求知若渴地吸收掌握。

「我才不穿那種衣服、才不住那種房子、才不會坐在那種餐桌旁……」，如果像這樣對學習範圍自我設限，可就大錯特錯了。

就算和你目前的生活沾不上邊，生活的智慧也是萬能的。日後絕對會碰到能運用的場合。所以，對於美的資訊不自我設限是第一要務。請隨時睜大雙眼、豎起耳朵，蒐集美的資訊。

再來就是要透過自己的智慧與判斷力，統整出對自己有用的資訊。

89 活用美髮沙龍與護膚美容中心

髮型往往是引人注目的特徵。如果能準確決定出適合自己的髮型，對於打造個人品牌也會有所助益。不過最新的設計髮型不見得適合每個人。你必須清楚知道自己的頭髮特徵或臉型。如果能親手去觸碰、去修剪當然也很好，不過交給長期熟悉自己頭髮狀況的專業人士，也很讓人放心。

覺得在時尚的美髮沙龍請專人服務是種放鬆的人，同時也能享受到精神層面獲得舒緩的效果。

讓自己的髮型隨著不同時期有所變化，也是種樂趣。長髮別老是披頭散髮，你的一頭長髮是用來讓你綁好或費心整理的。請自行變化出合宜的髮型。

不論外觀有多美，現在也已經不能說是「素顏也無妨」的時代了，而且妝容也能展現出自我本色。不過，在此會建議妝別愈化愈濃，要將重點放在肌膚保養。不過，想要打造美麗肌膚需要時間。就算是護膚美容大師，也不可能只靠一次療程做到。可以運用重點妝容或搭配眼鏡等，每週大概讓肌膚休息兩次，期待肌膚的自癒力和自然活化的效果。

想變美的話，基本上就要靠自己的雙手或雙腳。自己保養，效果大概只有專業美容師的十分之一，但好處在於可以不用預約，每天早晚持續保養。

本身職業需要注重身體美感的人，才需要委託專業美容師幫忙保養。但即使是專業人士，要是技術不好的話，就得好好思考一下這樣做能達到什麼樣的放鬆效果。總之，沒有任何方式是比得上自己保養的。

你也可以將從專業人士學到的按摩訣竅，嘗試用在自己身上。日文有個詞彙叫做「手當」（醫療處置、治療）。只要將手放到身體上[1]，能發揮讓身體復甦的效果。

1. 日文「当てる」有觸碰、放置之意，承接上文，故有此言。

90 笑容與指甲

臉型是引人注目的焦點，別因為「臉型是與生俱來」就自暴自棄，考量到臉型也會隨著年齡而改變，你也能靠自己打造美麗臉型。

一開始要做的是「笑容練習」。就算什麼都不做，能展露笑容就是幸福；而在大多數情況下，笑容是憑藉習慣才得以展現。一般人可能會覺得「沒事就笑，會被當成怪人」，所以不自覺地習慣表情嚴肅，又或老繃著一張臉。請在獨處或別人看不見時，看著鏡子研究如何展現最佳笑容。首先是**被呼喚名字，然後回眸的那一笑，還有面對別人打招呼時的笑容**。

以上述為基本工夫，進行運動臉部肌肉的練習，然後憑藉自己的雙手，將臉型逐漸改變成理想的樣子。即使是自拍也沒關係，請增加拍照的次數。光是如此，拍照的樣子無疑地會變得愈來愈好看。請像這樣投注時間，讓自己變得更有魅力。

指尖，其實出乎意料地引人注目。比起放著不管，細心保養才稱得上是理想狀態。雖然沒必要用誇張裝飾引人注意，但合適的指甲油顏色可以與穿搭相輔相成。要是工作時必須大幅使用手部，可能會破壞美甲；不過最近也有凝膠美甲等不容易剝落的選項。請根據不同需求運用手套、按摩等，注重手部或指尖保養。

這方面可以憑藉專業人士的技術長期維持良好狀態，如果雙手夠巧，也可以自己保養。

指甲也需要保濕。一般而言，光看指甲狀態就能對健康狀態有個底。**請從身體末端部位開始，花時間持續雕琢。**

91

美觀的整齊皓齒以及嘴角

雖然不見得隨時都會露出牙齒，但還是會希望保持牙齒美觀、細心保養。沉默時，嘴巴當然都要闔上。一不小心讓嘴角微張，既不美麗也不討喜。有時，不露出牙齒也能創造端正的美感。不過，只要說話或展露笑容就會露出牙齒。特別是說話的時候，對方常會看著我們的嘴角。這部分就會成為牙齒美感的重點。

牙齒不整齊，臉部形狀就會不端正。此外，俗稱的暴牙或戽斗，年輕時姑且不論，隨著年歲增長也會逐漸影響長相。而且牙齒一旦不整齊，勢必阻礙咬合。那也會對各種內臟疾病或姿勢造成影響。現今牙齒矯正技術的進步驚人。在意這個問題的人，請別因為天生如此就放棄，或許可以尋求牙齒矯正的專業諮詢。

牙齒保健不僅關乎美觀，對健康也有莫大影響。為了保持健康，牙齒是一輩子的資產。請時時謹記要好好珍惜。

為矯正齒列，讓展露笑容時能有美麗的嘴角曲線，請以正確方式咀嚼食物，而且不可輕忽平日的牙齒保健，藉此打造一口美齒。

此外，嘴角形狀不僅會受到齒列影響，也會隨著說出的話語而改變。只要看看使用雙語或三語的人，應該就能瞭解。優美的詞彙、溫柔說話的方式，其中蘊含的品格會從嘴角展現出來。

健康美 之❸活力

隨時保持活力

生活目標或生活目的的喜悅，是一個人的活力泉源。

不論做什麼都覺得樂在其中、饒富趣味，就能感受到投入的價值。相反地，就是嫌麻煩、沒意思、沒樂趣。不論如何，這完全取決於自己的一念之間。將想法轉換成「好好玩」、「好有趣」，就能產生活力。

與其勉強自己正向樂觀，不如先讓自己避免悲觀。像麻煩、辛苦、忙碌、沒效果等苦水或不滿，樂觀的人即使有這樣的念頭，也不會輕易掛在嘴上。

維持內在活力，不論對常保美麗或維持健康，都能有所助益。

92 強化內在

光有美麗與健康，並不能稱為「知性美人」。內在的強度，能進一步支撐自己的美麗與健康。**改變對於日常事物的想法**，並重複練習，就能強化內在。

所謂的「內在強度」，亦即理性客觀地接受事物。例如，不論對自己或對他人，都信守承諾。不論多麼微不足道，只要嘗試信守承諾，心情就會變得很好。

此路不通時，也嘗試看看繞道而行、另尋活路。別被「唯一」束縛，將眼光移向他處。別抱怨或滿嘴藉口，如實接受事實。下定決心別歸咎他人。如果希望改變周遭，首先請改變自己。

再來就是，將「麻煩」視為禁語。要是不想做，就說做不到。不想做，純粹只是因為嫌麻煩而已。嫌麻煩之前，只要能抱持「或許會很好玩」的心態，察覺到箇中樂趣，就能強化內在。

93

提升自己的活力

要是遭遇討厭的事情，在企圖逃離或沮喪不已之前，先嘗試反向思考吧。或許有辦法讓討厭的事情變得讓人開心。

當你強烈地先入為主的時候，身體也會過度使勁。不論如何都要先要讓自己放鬆，而不是使勁讓身體動起來。稍微忘卻那些先入為主，嘗試讓自己解放，堅定地找回自我，想像自己成為一名運動員。

活力接著就能隨之萌生。所謂的「活力」，是靠自己從內在創造，並非憑藉外界賦予。請嘗試模仿運動員的精神力量。

沒有活力時，你該追求的並非「快樂」，而是「舒適度」。要是為了排遣心情、逃避不滿足的情緒，追求只能治標不治本的「快樂」，那只是企圖靠刺激的強度忘卻一切罷了。追求「快樂」，只會無窮盡地愈要愈多，最後想回歸原本的自我將是件難事。與其如此，不如好好思考對於自己身心而言什麼才是「舒適」的。

所謂的「舒適度」，就是心情上的舒適。心情一好，就會不由自主地覺得「好，我要開工囉」。為了讓心情好起來，自己積極採取行動。沒有足夠能量這麼做的時候，首先就是**確保充足睡眠**。就算是他人眼中的樂天派，好好睡一晚、養精蓄銳，就是最直截了當的重開機方式。

只要覺得開心、好玩，就能提升動力。就算是日常瑣事或是重複性的工作，都要下定決心「靠自己，就能樂在其中」。發掘出工作之中的樂趣。找不到的時候，就試著默默重複去做。如果能認真反覆去做，總會從中發掘出什麼。也就是說，可能會發掘某種契機、**發掘某種樂趣**。

別在不太瞭解對象的狀況下，就一口咬定沒意思，首先必須多瞭解。藉此，就能增加資訊量，慢慢就讓自己感興趣，就會覺得變得有意思。求知慾也會隨之萌生，進一步提升動力。

94 養成努力的習慣

身懷長才的人，往往會比沒有長才的人投注更多的努力。所以，**如果覺得自己沒具備那麼多長才，就代表你其實不用努力成這樣子**。只要想到能減少一些辛苦的努力，就會覺得幸福。

所謂的「努力」，正是無數的鑽研與訓練。那是練習的重複累積。不論多微小的事情，只要持之以恆，就能養成努力的習慣。

請從微小的事情開始，增加反覆投入的次數。做到一半，就嘗試夾雜一些之前做了會開心的事。這是試著組合稱為「樂趣」的具體行為。

只要瞭解無數的累積就是努力，接下來只要重複投入就行了。如果努力能感受到幸福，那就已經足夠；但有時，你可能也會覺得努力無法獲得回報。

那就代表，努力的方向不對、努力的量不夠。只要朝適當的方向，投注適當的努力，就能獲得回報。如果是符合時代的努力，獲得回報的可能性就會很高。

只是，所謂的「獲得回報」也並不是什麼大不了的事情。因為不論活力或內在，都會隨著努力程度而升級，只要自己率先承認本身的成長，周遭必定也能察覺。

他人的成功，乍看之下好像不用努力就有的「天上掉下來的禮物」，讓人心生羨慕，其實那是天大的誤會。其中存在著看不見的努力。即使旁人感覺他完全沒努力，只是幸福憑空從天而降，但其實也都是因為當事人不為人知的點滴努力，發揮了正面影響。天底下既沒有完全不需要努力的幸福，也沒有完全不需要努力的成功。不同的只是努力能否被看見而已。

分割努力的目標，區分成不同階段養成習慣。為了持之以恆，只能持續增加累積的次數。別想不顧後果地一次蠻幹到底，先做一半，從中發掘樂趣。努力的樂趣是被隱藏起來的。先嘗試一個月、三個月，然後俯視自己來到什麼樣的位置。對於無形的努力，任誰都會感到不安，只要能客觀審視本身努力，應該就能慢慢看見成果。

95

鍛鍊孤獨力

明明嘴上嚷著「想要屬於自己的時間」，一回神當自己獨處時，卻又感到寂寞……你有時候會不會這樣呢？常言道，「身而為人，大家都是孤獨的」。不論出生或死亡時都是孤身一人，所以活著的時候也是一個人。即使明白這個道理，但是對此有所自覺是很痛苦的，一旦孤獨感來襲就會難以忍受。不論任何人，莫名都有著難以忍受孤獨感的一面，而這也會削弱自己的內在力量。

突然感到沮喪時，就是個好機會。此時請鍛鍊本身的孤獨力吧。

所謂的「孤獨力」，就是能夠戰勝孤獨、一個人也能忍受孤獨的能力。不幸無法獲得認同時，也能相信自己的能力。與他人截然不同時，也能覺得自己有個性。

如果能捨棄藉由外部刺激消弭孤獨的損耗，重新審視鍛鍊自我，就能成為開創全新未來的孤獨力。

當一個人以自我實現為目標，忘我地苦心投入努力，最後達成目標，周遭卻沒人察覺也無法獲得肯定時，會深陷強烈的孤獨之中。就算自己的光芒絕對不可能永遠遭受埋沒，總有一天會獲得眾人肯定；但是在那之前，或許就已經完全喪失自信了。

換言之，就算無法獲得旁人肯定，只要自己能夠肯定自己，孤獨力就會隨之變得強韌。如果能認清這樣還沒做到百分之百的事實，鼓勵自己繼續加油，就是很了不起的孤獨力了。能支撐起你的努力的，也是這所謂的孤獨力。

但是身而為人，其實並沒有誰是獨自一人的。我們一定會在某個地方、憑藉著某項事物，與某人互相連結。因為每個人都渴望瞭解自己的根源、尋找自我認同，同時也希望相信與他人的連結。除此之外，覺得孤獨之前，只要嘗試認同自我，孤獨感也會隨之減弱，如此一來，反而就會比之前更意識到與他人的連結。

96 鍛鍊專注力

無法專注，有可能是因為活力正在損耗；但也有可能是現在並沒有必要專注。執行某種任務時，專注力自然會火速萌生。一般認為隨便分心會變得散漫，但如果過度專注，對其他事物視而不見、置若罔聞甚至廢寢忘食，對於日常生活也會造成阻礙吧。所以在維持專注力的同時，也希望你能擁有綜合因應其他形形色色事物的協調平衡感。專注的同時，也需要意識到周遭的注意力。在有些情況下，同時注意兩件以上事物是很重要的。

不管怎麼說，不論何時何地都能根據不同需求發揮專注力，可以說是理想狀態，就算全神貫注也能對好好對應其他事物，或許就可稱之為優秀。

- **睡眠不足也會為專注力招致災難**
- 可以藉由像是將不須專注的事項寫在紙上等方法，讓腦部認知已解決，又或能在例行公事中藉由習慣解決的事項。
- 事先認知到「目前應該專注投入的是這個問題」，就能減少對於專注力的妨礙。

- 事先**整理桌面**，能隨時取出所需物品就可說是理想狀態。
- 「不論花幾小時，不完成工作不停手」，這樣的專注力會讓人過度疲憊。
- 為了培養達成大事的能力，藉由**十五至二十分鐘的小目標達成**，反覆累積訓練。
- 為了消除專注的疲憊，可以訂出時間限制、去做做其他事情、加入適當運動等，像這樣**分出輕重緩急**會很有效。
- 摒除會妨礙專注力的聲響、音樂或噪音，**讓周遭處於平靜狀態**。
- 別讓討厭的事物映入眼簾、也別讓喜歡的事物傳入耳中，不論何者都是為了避免分心。河流或鳥鳴聲能紓緩情緒，不需要做到完全無聲。
- 必須事先釐清讓自己容易專注的條件，也必須克服讓自己難以平靜下來的狀態。

第4章 提升生活技巧的涵養

你擁有的物品正等同於你自己，因為擁有的東西會反映出一個人的價值觀。如果周遭圍繞「簡樸、有智慧又美麗的物品」，讓自己置身兼具質樸與豐富內在的生活——也就是「真正的簡約生活」之中，就能瞭解何謂「充足」，以及何謂「豐富的本質」。內在也會隨之萌生餘欲。

為此，我們應該進一步磨鍊生活技巧。只要能提升生活技巧，簡約生活就能進階成為豐富、細緻且高尚的生活。生活技巧也是一種磨鍊感性的手段。感性才是人性的重中之重。

也就是說，磨鍊生活技巧，正是讓自己培養豐富人性的具體良策。

生活技巧 之❶飲食

烹飪是提升自我的創造行為

為求生存，食物是不可或缺的；但對於人類而言，吃飯並非單純只是「吃」這種行為。烹煮美味料理，在交流之間享受味覺的精髓——這正是磨鍊感性的時刻。

烹飪是一種創造行為，我們可以在過程中學習到事物的本質與原則。如果這是每天都要重複的事，對於提升自我涵養就會極度有效。透過「烹飪」這樣的行為，我們得以獲得磨鍊感性的實用學習。

97 食物能形塑出人品

在五感之中，味覺與本能生存行為的連結更為緊密。我們人類透過味覺，除了能有效察覺威脅性命的危險，還能針對其他諸多事物下判斷。

美味的原點，來自於提升我們對擁有身體所需營養的食材的慾望。只要花心思做出能激發食慾的料理，就能在維持健康的同時磨鍊味覺。

擁有出色味覺的人，其他方面的感覺也會很出色。味覺能藉由品嚐美味的料理受到磨鍊，而藉由磨鍊味覺，也能逐漸提升其他感覺。味覺，正是提升感官能力的開端。

而且只要吃下健康所需的充足食物，就能消除焦慮，讓專注力隨之提升，也能讓情緒獲得紓緩。人會因為味覺而改變。柔和的美味，就能形塑出柔和的人品。

98 營養美味是家常料理的重點

家常料理的重點，在於輕鬆、迅速、容易完成，美味又能充分攝取營養。為此，首先必須擁有營養相關知識。而為了煮得好吃，也要注意加熱程度，以及如何用簡單的調味料發揮食材特色。箇中祕訣在於避免烹煮有固定料理名稱的精緻菜色，或是費工夫的料理。

只要能煮得好吃，也能提升營養效果。喜愛高營養價值食材的人都很健康。偏食不僅有害健康，也會影響感性的平衡。

99 採購食材要有計劃

講著「新鮮的東西比較好」，每天採買食材，只是滿足消費慾望的藉口，也非常浪費時間。與其每次都要想「今天煮什麼好」，才去採買食材，不如以一週或適合各家庭的循環訂出採買週期，如此更有效率。你可以將有餘力處理買回食材的日子訂為「採買日」。

為了避免得臨時補買，儘量有計劃地採買。在每一輪的採買中，那些必需品別買得太少，也別買得太多。

購買食材時不需要雨露均霑，基本上只要購買當季食材，並補充不分四季都需要的常備品。料理（食譜所需食材）是採買的約略指標，你或許可以先決定好營養值或應該吃的食材後，再擬定菜單（如何加工）。烹調時儘量不要倚賴方便的市售加工品或加工調味料。

100 家常料理是有系統的料理

如果是一週採買一次，**蔬菜類要立刻進行前置處理**。別將連同包裝將食材直接放入冰箱。事先加工以便烹煮時能立刻使用，就是家常料理系統化的第一步。

接下來，為了將食材全數用完、避免浪費，你還需要構思料理（菜單）的平衡。因為這是一項兼具知性與創造性的作業，對於提升自我涵養也相當有效。在這個時代，「減少垃圾量」儼然成為某種社會地位的象徵。「食材零浪費」甚至可說是理所當然的義務，希望你也能培養出這方面的能力。

事先做好常備配菜，不僅能幫你善用所有食材，也能省去每次都得從頭做一次的麻煩。

- 「能夠立刻派上用場的保存方式」，諸如將青椒切好放入冷凍袋中，或是將洋蔥切粗丁、乾香菇之類的食材冷凍。
- 關於其他蔬菜的保存方式，可以**先蒸過再冷藏**，烹調時再調味。
- 如果要直接保存，就將蔬菜依照土壤中的生長方向立起，這樣就能放更久。

- 要保存魚片，可以用酒糟醃製。要保存肉類，可以加熱後與湯汁一起冷凍。
- 以西式醃漬或醋漬的方式將食材先做成常備配菜，之後就只須烹調主菜，也能縮短每次的料理時間。

＊有興趣的話，請參考拙著《能輕鬆完成的細緻飲食生活》（暫譯：DISCOVER出版）。

101 以擺盤雕琢對美的品味

只要擁有美感與注意力，就能做出精巧的擺盤。

擺盤的基本原理是**①色彩**、**②平衡**、**③立體感**、**④留白的方式**。

藉由享受料理和精巧的擺盤，就能讓美感升級。

如果料理時不容許失敗，注意力就至關重要。「聰明的女性也擅長料理」這句話裡，所謂的「聰明」指的可說就是注意力。接著就是一邊在內心模擬下一步，一邊根據流程仔細進行的好手藝。再來就是在完成料理後藉由精巧的擺盤，讓美味進一步升級。

＊有興趣的話，請參考拙著《擺盤的原理》（暫譯：DISCOVER出版）。

102
以餐桌布置培養美感意識

餐桌的布置與擺盤，是飲食生活美感與美感意識的日常表現。同時，也可以磨練重要的協調感，以及對色彩的感受。有意識地擺放物品、排列物品，能讓自身的感受甦醒；藉由磨鍊這些感受，就能培養出美感意識。

在色彩方面，不妨參考名畫或時尚穿搭。除此之外，在**用餐時搭配不過度明亮的柔和燈光與悅耳音樂**，會讓心情更好，同時讓營養效果隨之提升。

餐桌布置除了能增進食慾，同時也能提升美感意識。這一種對生活文化的積極實踐。

103 餐具選擇，初學者從白色西式餐具開始

形狀、花色、用途與材質造就了各種不同的餐具。首先可從西式餐具開始。如果是圓形餐具，先決定自己喜歡哪種盤緣（形狀），然後根據用途考量大小。請摒除「不管餐具是什麼材質，只要能拿來裝，均一價商品還是紙盤子都可以」的想法（我想，會這樣想的人應該也不會閱讀紙本書就是了）。這種想法會讓你的感性愈來愈遲鈍，也會消磨人性。

當然，白色餐具是最好的起點。一般人可能會對餐具的花色或材質感興趣，想要嘗試搭配各色餐具的樂趣。但有花色的餐具是屬於中階選擇，日式餐具又更麻煩，選擇時必須理解花色的季節感，並去想像要用來盛裝什麼樣的料理。換言之，是屬於高階的選擇。不論如何，餐具都應該要能凸顯食材的色彩。所以無論是日式或西式料理，都不妨從白磁餐具開始挑起。

餐具與餐桌布的關係，建立於色彩搭配與格調的相互融合。不能只考慮單一部分，而是要思考整體的一致感。而餐具正是整體的一部分。

104 用餐是最盛大的娛樂

自己在家獨自吃飯、電視餐（一個人邊看電視邊吃的晚餐），被視為寂寞的象徵。會想去吃家裡附近沒多好吃的店，就是因為吃飯時桌子另一邊會有人在的緣故。即使沉默不說話，只要有人在身邊就會覺得放鬆；如果能進一步攀談，光是這樣就能提升餐點的美味程度。如此一來，也能增加身體所能攝取的營養。

與親朋好友一起吃飯的快樂無與倫比。享用相同的料理，分享彼此的感想，讓大家因此更為親密。對話的內容也會隨之擴展，藉此獲得日常生活中的娛樂。這可說是生於世間的無上喜悅。

生活技巧 之❷居住空間

居住空間培育出人格

我們的日常生活沉浸在與物相關的空間之中。讓人心曠神怡的住家，才是舒適的空間。人在住家中愜意放鬆、療癒疲憊，孕育感性。

我們有必要勾勒出自己想住在什麼樣的空間、想擁有什麼樣的住家。居住空間與我們的行為舉止、習慣、甚至連思考事物的方式都息息相關，這點無庸置疑。不過，居住空間其實也影響著我們大部分的人格形塑。說「現在的自己是由空間涵養而成」，或許也不為過。

思考日後的住家形式，不僅能對打造下個居住空間有所助益，也有助自己重新審視現在的日常舉止與生活行為。

105

展現整潔感

住家是生活、人生的原點。優質的器具可以引導出優質的舉止。只要將常用的器具換成品質優良的產品，時時告誡自己要讓生活行為與高品質的物品相符，就有助於人格培養。「舒適」要由自己創造，藉由那樣的舒適讓心情愉悅，就能培養內在涵養。在可能的範圍內打點好生活環境，是提升自我涵養的基礎。當習慣成自然時，不論感性或人性都會隨之提升。

保持住家整潔很重要。由於衣服包裹著身體，所以一般人都認為衣服最需要保持乾淨；而圍繞著那副軀體的，正是我們的生活空間。換言之，住家的整潔也很重要。只要養成日常維護的生活習慣，就能保持住家整潔。

在讓人心曠神怡的空間中，不只要展現整潔感，也希望各位能營造出紓緩情緒的氛圍。藉由收納整理的動作，就能在展現整潔感的同時，發揮布置家中的功能。

106

藉由布置的心思，磨鍊美的品味

為了在日常生活中雕琢出美感意識，要隨時留意住家所展現的氛圍樣貌。生活空間如果能變美，就能獲得舒適感。這也能讓自己擁有愉悅的心情，獲得充分的平靜。

隨時運用布置的心思，下意識地培養將物品擺放在適當位置的感覺。憑藉著自己的力量，你可以同時獲得平靜，並雕琢感性。

只要養成細心維護物品、意識到物品擺放位置的習慣，就能瞭解生活之美的要點，久而久之就連偷吃步都能變得很有技巧。

不論是過度布置或毫無布置，都是因為缺少了布置的心思。希望大家能雕琢出美的品味，到達不將日常生活妝點得美輪美奐就渾身不對勁的程度。

107 插花

花卉等所有植物，憑藉水、陽光、空氣就能欣欣向榮、美麗綻放。如果不想讓新鮮花卉或植物在室內絕跡，營造出一個清潔、美麗的空間會是個便捷的方法。

就算只是透過區區一盆花草，也能培養出園藝技藝。不論是傳統插花還是花藝設計，只要想像花朵從土壤之中綻放，朝太陽茁壯生長的方向調整，就能呈現美麗的結構。運用插花技巧，能讓花看起來生氣蓬勃，不僅能讓周遭變得華麗，也能讓人感受到整潔感。

很不可思議的是，只要插起新鮮花卉，就會讓人想要將周遭也整理乾淨。這應該是因為新鮮花卉喚醒了我們美感意識。

108

掃除是種冥想

掃除的好本領與布置的本領是一樣的。首先要找出視覺重點（focal point：焦點），也就是清除掉礙眼髒汙。我們要做的並非一口氣全部打掃乾淨，而是由上而下，從雙眼所及到不起眼之處依序反覆清掃。不起眼的地方，往往會讓人想敷衍了事；不過讓**看不到的地方保持整潔、不起眼的地方多加留意設計**，正是為住家增添美感的祕訣。留心生活細節，這件事本身就蘊含著美。

- 察覺髒汙的瞬間，立刻清除髒亂。要是錯過那個時機，變成見怪不怪，就會開始假裝自己毫不在乎。接下來，內心就會產生「不想打掃」的情緒。
- 在意髒汙並非神經質，就美的感覺而言再正常不過。
- **用水處要特別保持美觀**。只要培養出「不想讓別人看見自己家裡髒」的基本態度，用水後就會想確認乾不乾淨。根據使用者不同，用水處清掃的著力點也會不同。請大家好好熟悉使用方式。
- 在顯眼處放置垃圾筒，是在誘導對垃圾沒有責任感的人。請將自家**垃圾筒藏到不**

顯眼的地方。只要養成負責任拿去丟的習慣，就不會感到不方便。出外時也會慢慢不再隨便亂扔了。

- **掃除或洗碗其實是種正念（mindfulness）**。一般都說，清掃庭院落葉是種精神修養，這也是養成美感的最佳行為。落葉的形狀或顏色能讓人心沉澱。
- 偶爾別使用洗碗機，將洗碗當作一種冥想，親手洗一洗吧。
- 掃除的優點在於，完成後的整潔感能讓心情變好，讓人懷抱小小的成就感。

掃除也是察覺「持續反覆」的重要性的修身養性時間。無須花費一分一毫，在日常中就能鍛鍊自我。可以確信，此舉與冥想擁有相同效果。

「持續反覆」雖來乍看之下每次都一樣，實則不然，持續反覆後才能練就各式各樣的熟練技巧或工夫。要說「輕視掃除的人，腦海不可能閃現絕佳的靈光」，或許也不為過。

109 養成整理的習慣

物品拿出來就放著不收，想用時能立刻取用很方便。但不論多方便，都不要把會礙眼的物品拿出來就放著不管，養成取出後收好、確實整理的習慣。像功能性物品或家電，要特別收起來，而不是擺出來。要用時拿出來用，用完就收好。只要養成習慣，就不用花多少時間。

- 物品的擺放之處要讓人一目瞭然、容易理解。特別是廚房周遭，必須採用能輕鬆取出放回的收納方法。
- 刀刃類要避免放在隨時看得到的地方，固定收在抽屜裡就能避免危險。
- 隨時都用得到、派得上用場的小東西，如果有各種不同顏色，看起來會很礙眼。**為了「消除色彩」，請將小東西都整理收好**。可以根據使用目的統一收進抽屜。如果要擺出來，就要統一成透明或白色等，放在該處會逐漸讓人忽略的顏色。
- 使用不同的擺法，就能改變陳設。換言之，就是能變得更美觀。不偏不倚地端正擺放、統一角度排列、筆直排列等，都是陳設的祕訣。

110 面對物品

我們有必要減少物品、改變物品的擺放方式，或時時**確認自己擁有的物品**。換言之，就是**增加面對物品的次數**。如果任憑所有慾作祟，不停蒐集物品，就會無暇面對物品。

如果好好面對物品，物品自然會告訴我們「是時候了」。挑選物品，意味著必須負責任走到最後。這樣的覺悟是必要的。只要接觸物品，就必須習慣去**意識到自己對物品的責任**。

- 要終結物品的功能，或是**改造成其他物品**，決定權在你自己。
- 為了能在面對物品時好好思考如何「改變擺放地點」、「改變使用便利性」等靈活運用物品的方式，生活中將物品維持在少量方為上策。
- 面對優質物品時，會獲得相對應的感觸、感受，因此能為我們創造快樂的時間。

111 以居家織品培養觸覺

毛巾、廚房用抹布、床單等居家織品，由於都是私人物品，不像時尚話題能獲得熱烈討論，許多人似乎都是使用免費贈品，就這麼得過且過。然而，優質的居家織品，從以前就是高質感生活的表徵。

只要能決定出自己喜愛的觸感、能夠接受的材質以及尺寸，也能從免費贈品中挑選；不過要是敷衍了事，五感中重要的「觸覺」就會被鈍化。

物品所需的觸感、尺寸、吸水力會因為使用目的而有所不同。請關注居家織品，決定自己要用什麼樣的東西。**如果是要送人，為了要送出最好的禮物**，也請務必先瞭解什麼才是優質物品。

據說，皮膚擁有感知色彩的能力。由於居家織品是會接觸到肌膚的物品，選擇擁有視覺效果同時，也對皮膚感覺有益的色彩，為自己的健康出份力吧。

- 粉紅色毛巾，能提升肌膚緊緻度。
- 中年婦女偏愛淡紫色，據說是因為能藉此活化免疫功能。

・穿在身上的顏色之中，據說白色能對身體健康有幫助。

112 瞭解茶具與銀器的用法與觸感

喜愛茶道是一件辛苦的事，因為這可說是一門綜合藝術。插花、書法（掛軸）、香道[1]、茶道用具、懷食料理等，如果說必須耗費一生才能窮究一切也不誇張。以日常生活而言，只要瞭解器具的使用方法，就已經受用無窮。因為使用高質感器具時，要求的是高質感的行為舉止。

同樣的道理，也適用於可說是西方器具的銀器。銀器能讓餐桌擺設顯得華麗。同時也有助於養成重視反覆保養的態度。

培養相關涵養的基礎之道**不在於是否擁有物品，而在於是否了解使用方式**。也就是說，要先瞭解各種茶道器具或銀器的用法以及觸感。只要知道附著於紋銀冰酒桶上的水滴有多美、吃冰淇淋時湯匙的觸感，應該就不會再覺得擦拭器具很辛苦了。

1. 「香道」：日本三大傳統技藝「茶道、花道、香道」之一，依既定的嚴謹禮法與專屬用具焚香、品香、組香，藉此達到沉澱心靈、磨鍊感性、修身養性等目的。

113 靈活運用箱盒

無論是工藝品還是量產品，箱盒都是方便的收納工具。日本從過去就有出色的箱盒工藝品留存至今，所謂的「筥（箱）文化」自古在日本根深蒂固。現代人也要更熱愛箱盒一點。只要將物品收納至箱盒中就能安心，感覺自己整理好了。箱盒是東西隨處散落的雜亂感的救星。

- 從小箱盒到大箱盒，備妥直接擺在屋裡也很美觀的箱盒。
- 捨棄著重實用性的塑膠製品，蒐集像是手作箱盒、外層裹皮革或看來像舊書的箱盒、木箱盒、漆製箱盒（層盒、文箱收納盒、文房四寶盒）等外觀美麗的箱盒，就能做為實用品派上用場。這些箱盒很適合用來整理紙張、文件，又或蒐藏一些小東西。

喜歡上箱盒後，自然而然就會慢慢對家具歷史、室內裝潢、室內設計等各方面感興趣。即使不是專家，嘗試對生活的歷史懷抱興趣，就能透過學習東西方的歷史，確實培養生活行為的基本美感，同時增廣見識。

114 物品能培養人格

觀察別人遛狗，常會感嘆「狗兒跟飼主真的好像」。狗兒神似飼主，而飼主也神似狗兒，那是因為彼此之間的心意交流。這正類似於物品與我們之間的關係。自己周遭物品所擁有的價值，等同於我們自己本身的價值。這是因為接受那個物品存在，正是我們自己本身。

如果開始覺得有東西讓自己耿耿於懷，那是因為它已經慢慢不再適合自己。必須更上一層樓，替換成適合現在的自己的東西。

日常生活中的所有物品都會影響我們的感性。即使是比自己本身更有質感的物品，你總有一天也能變成與之匹配，甚至成為配得上更高質感物品的人。

我們與物的關係，當然是我們為主、物為從，只是周遭物品也會在不知不覺中提升我們的涵養、培育著我們。

115 選擇物品，就是在選擇自我

選擇優質物品的祕訣，首先是去接觸大量良品。然後集中意識來細細確認。

雖然所謂「沒那個預算」可以在許多場合做為免死金牌；但相反地，有時我們也可能輸給自己的慾望，將預算花在別的東西上。

一般會認為「優良物品可以長期擁有，不會造成浪費或用過即扔」，但其實保養維護是件辛苦事，使用起來必須小心翼翼，「麻煩」才是好東西的真相。

因此「沒預算」這個理由雖然看來謙遜，但只不過是逃避麻煩的藉口罷了。所有人理所當然都想要輕鬆一些。

但正因為如此，**優質的物品才能培育我們的性格**，將我們的生活升級到下一個階段。人往高處爬的志向本就如此，一路持續磨鍊樸實的自己吧。

優質物品的優點還不僅於此。物品本身的美感能避免空間的繁雜，還能為我們帶來心靈的平靜，消除疲憊。會想挑選優質物品，並覺得那樣很棒，你就踏出了第一步。

選擇物品的基準的條件，是要選擇當下自己需要的。之後如果你已經有所成長，對從前挑選的物品產生不滿，就**要隨時讓「現在」的自己去挑選**。

關於顏色或形狀，要全面啟動自己擁有的五感，徹底提出問題後再決定。只要能認同這個形狀、這個顏色適合現在的自己，就可說是正確的選擇。

觀看物品時，要隨時懷抱選擇意識。這是為了能在下一次選出比現在更好的東西。所選擇的東西也可說是自己本身。隨著自我成長，東西也會改變。

選擇物品是種自我主張，也決定著你的命運。

生活技巧 之❸社交禮儀

請具備交際的生活技巧

交際方面的生活技巧，包括了自古被深思熟慮考量出來的「老規矩」；在現代生活中，有人恰如其份地遵守實踐，也有人完全無視，每次都會讓人疑惑「到底該怎麼做才好」。

不僅日本，歐美有些時候也需要老規矩。所謂的「protocol（國際禮儀）」就瞭解異國文化而言有其意義，但等到有必要時再來瞭解也不遲。在那之前，先培養身為日本人的禮儀吧。

該以何種模式交往、該保持何種程度的聯繫，這一切都必須由自己決定。為此，有些該先具備的技巧，以及該先瞭解的禮儀。也有一些能幫助你向對方傳達心意的物品。

116
婚喪喜慶的基準

婚喪喜慶的老規矩不但隨著時代變化，不同地區也會有所差異，所以應該很少人能稱得上「充分瞭解」。那麼應該以什麼為基準呢？首先是每個家庭各自的判斷，基準在於「不是為了面子，而是出自真心」。

擔心的話，可以在有需要的時候搜尋相關資訊，從中選出自己認同的方法。如果能對自己的選擇負責，就能在下一次的機會中導引出「該怎麼做」的答案。

117

可用郵件、書信或電話表達謝意

撰寫感謝函很麻煩沒錯，但首先請以郵件或電話致謝。想更正式致謝，就寫感謝函。對他人的請託，同樣是根據重要程度高低，依照書信、電話、郵件等優先順序區分使用，才是現代生活的禮儀。

一切都用郵件解決雖然感覺方便，但可能無法充分傳達心情，又或招致誤解。可以的話，對於他人寄來的致謝郵件也要有個簡短回應比較好。

郵件不要拖延，儘速回覆才會讓人有好印象。最晚要在一至兩天之內回覆。

118 禮品的質感

雖然基於預算問題，沒辦法總是贈送他人高級品；但在挑選禮品時，可以將「自己收到時會感受到何種程度的喜悅」做為參考指標。習慣致贈禮品後，就會發現必須更重視收禮者的心情。

- 自己想要，同時希望對方長久珍藏的東西，就稱得上是高品質的禮品。
- 致贈禮品有時也分不同情況。可能是自己用不到所以轉送、以輕鬆心情買來的伴手禮、親近的人親手製作的東西等。從沒想太多的禮品到意義深遠的禮品，每次都要思考什麼樣的禮品能符合不同的情境。
- 尊重收禮者，重要的是挑選適合對方的東西。

禮品本身，有時就是種重要的訊息。這是一種相當深奧的行為，必須先確實統整自己對於禮品的想法。

119 禮物就是提升自我涵養的絕佳機會

致謝、慶祝、示好……，禮物總是飽含了心意。該如何傳達心意，是生活行為的重要課題。總是掛念著想送某人合適的東西，是身而為人的崇高行為。

- 別只用季節性寒暄用語敷衍了事，而是要以適合的東西呈現那種連結。正月、情人節、母親節、父親節、兒童節、每個人的生日、書籍之日（十一月一日）、聖誕節……，禮物能在各式各樣的節日表達謝意。
- 即使不是特殊節日，小小伴手禮也能展現品味。「你對好吃的東西還真熟悉啊」，對方如果這麼說就是大大成功。
- 食物以外的物品，就算不是親手製作，也要**挑選包裝紙親手包裝**。綁緞帶時要一邊想著對方好好綁。**繫緞帶就是將彼此的心繫在一起**。
- 包裝紙的花色、緞帶寬度、材質、綁法，附加胸花、掛飾、卡片等，簡直就是生活的藝術。
- 緞帶不僅是包裝禮物時的配角，想將信紙等紙張或布類綁成一束時，也能派上用場。除了花束之外，製作花圈也需要緞帶。特別是聖誕花圈，綁上緞帶能更添華麗感，藉此做出美麗的物品。

- 手巧不巧不成問題。對於熟悉針線、布類的人而言，許多人都擁有對於布料觸感的絕佳感受力。
- 如果能發揮運用布料或針線的本領，製作出如刺繡、蕾絲、編織物、拼貼、貼花等生活所需物品，應該會是美事一樁吧。

親手製作禮物或下功夫包裝，能鍛鍊出一雙巧手，也能練就對於用色或用途的準確感等各種感覺。運用雙手，就能活化腦部。對禮物別敷衍了事，而是要讓禮物成為提升自我涵養的機會。

120

練習美麗的手寫字

大家都說，現在美麗的手寫字蔚為風潮。能寫一手好字是很棒的，在日常生活的各種場合都能派上用場。似乎不管是誰都會身體力行，練習把自己的名字寫得很漂亮；但除了自己的名字，如果能將手寫書信的全文也都寫得很美，就會讓收到的人很感動。就算沒時間去學書法，也能練習。首先看看那些精湛的「書法」中常用的字就好，將字形牢牢記在腦海中。也就是去觀看，然後記得。留意整體平衡，還有「書法即為人」這點。藉由人格的磨鍊，讓你的字散發韻味。

養成手寫書信的習慣，也能讓你寫出好文章。說話方式也會隨之升級。只要習慣手寫，也會對其他手作產生興趣。

121

推薦舉辦家庭派對

眾人齊聚的派對，不論邀請者或受邀者都能賓主盡歡。首先，累積「邀請別人很開心」的經驗很重要，不要先想著「好麻煩」或「好累人」。

事實上，要是過度卯足全力想辦得完美，的確很累人。過程中，多少都會發生一些無法盡如人意的事情。「下次就能運用這次經驗」，請這樣豁達地思考。舉辦場次增加後，總有一天會駕輕就熟。別忘了，雖然疲憊，但同時也會獲得強烈的成就感。

重要的是真心誠意地邀請他人。還有，全心想著如何讓賓客開心。

不論是餐桌擺設或料理，都是絕佳的生活藝術，請留意各環節的美感。只要受邀者因為受邀而開心，也會隨之展現出美麗的行為舉止。

122

服裝是用來給人看的

與人初次見面時，外觀的第一印象已經變得愈來愈重要。

說到決定穿什麼，現今這個時代大家應該會回答「自己喜歡的衣服」；但以社交禮儀而言，重要的是會給對方留下什麼印象、是否適合當下的場合，還有能否展現屬於自己的美感。

一流飯店或老字號店家經理，會根據服裝或行為舉止評價顧客。例如顧客感覺是否習慣穿著簡約、高品質的服裝呢？換言之，他們看的不只是顧客當下穿什麼，甚至能徹底洞悉對方是否憑藉穿著高品質服裝造就這樣的體型，又或行為舉止。請意識到別人正看著自己。**只要鍛鍊自己的姿勢，就能展現習慣穿著高品質服飾的體態**。

同樣地，與他人初次相見時，如果能透過服裝洞悉對方是否為了展現自我而用心打點、心裡在想些什麼、希望被如何相待等，這也算是自己的涵養之一。

123 穿搭出屬於自己的風格

身上的服裝，除了必須合乎當下場合，能讓自己感到滿足也很重要。那種感覺會帶來幸福。

我們往往會因為時間緊迫，做出讓人遺憾的服裝選擇。出門前，可以提前考慮、事先準備。為了讓服裝不至於過度招搖，又能展現自我風格，平常就可以配合不同場合或時間，先搭好適合自己的服裝，再整套掛起來，採用這樣的整理方法會很方便。

有時比起衣服，配件更能決定服裝的整體印象。平常可以觀賞歐美歷史劇做為參考，又或觀察身邊擅長穿搭的人加以模仿，先行研究慣於穿搭的萬種風情。

124

學習如何穿著和服

現在有愈來愈多人對和服有興趣。另一方面，實際擁有和服的人卻老是想太多，只覺得麻煩或保養起來很辛苦。其實，西式服裝也是需要保養的。

休閒的西式服裝已經完全成為當今生活主流，不過想稍微表現出慎重態度時，不妨盛裝穿上和服吧。只要一穿上，姿勢就會改善，行為舉止也會出現變化。

學習和服穿著或許也不錯。持續練習，直到能自己穿為止，這也是讓自己改變的契機。將和服腰帶綁好，會是很有效的手臂伸展運動。理想的目標是在十五分鐘內穿好和服。

現在，也有人是一年三百六十五天都穿和服。不妨在網路上購買浴衣[2]，穿去享受夏天祭典或煙火吧。如果能踏出第一步，學會能展現美感的舉止以及穿法，那也將成為你的生活技巧之一。

不論預算多低，直接跑一趟和服專賣店尋求諮詢，比起網購更能增廣見識。此外，先找和服專賣店諮詢、汲取知識後再選擇網購或許也不錯。

2. 「浴衣」：夏季穿著、材質輕薄的簡便和服。

請別將和服想成是民族服裝，而是出色的時尚、絕佳的自我模式，自由自在地將其視為自己的服裝之一。

生活技巧 之❹行為模式

養成能沉穩生活的行為模式

如何運用生活技巧，將決定你是否能擁有沉穩平順又朝氣蓬勃的日常生活。如果認為自己這個也會、那個也會，已經沒什麼好學的，那是很可惜的。

請有效運用在日常生活中培養出的生活技巧，每天反覆實踐，將其進一步琢磨成沉穩、舒適又美麗的行為。

除了效率之外，也要瞭解優美又能讓人喜悅的行為模式，以及能讓自己心情愉悅地持續成長的行為模式，並積極採納。

別再讓日常生活被敷衍逃避的習慣逼進死胡同，滿腦子只想著如何縮短時間，結果更加盲目確信自己沒時間。

125

瞬間行為

「現在很忙，明天再說」、「太麻煩了，下次吧！」我們很常會出現這樣的情緒。但為了維持輕鬆沉穩心情，任何事都立刻完成方為上策。我嘗試將其定名為「瞬間行為」。

要是不採取瞬間行動，周遭就會陷入東西堆積如山的狀態；房間沒整理，心情也會隨之低落。只要立刻去做，就能獲得成就感，心情也會隨之高昂。請嘗試立刻去做，要是覺得很花時間，也可以中途停止，下次再繼續。

只要一有這樣的念頭，總之就是「現在」去做。在還沒忘記時去做，會更有效率。要是在某件事進行到一半時，突然想起有其他事要做，那就先去解決另一件事也無妨，不會差多少時間。如果重要的事情做到一半時，轉而去做另一件事就分心，那是專注力的問題。只要擁有真正的專注力，這點程度的事情是不會讓你分心的。小小的成就感能振奮心情，關鍵的工作速度也會提升。

如果能感受到日常生活中那一個浪漫的瞬間，將會是很棒的一件事。

126 習慣行為

一般認為，人的性格是靠著習慣培養出來的。所以說，只要改變習慣，就能改變性格。改變性格，就能改變生活；改變生活，就能改變你的人生。按照以下步驟，就能改變習慣。

- 明確釐清改變習慣的目的，要讓自己認同，然後選擇改變的方法。
- 一旦決定，就別找任何藉口，徹底實行。
- 一開始就要有所意識，只要貫徹「持續反覆」的行為就好。

所謂的習慣行為，就是下意識地持續反覆。只要藉由持續反覆改變行為，就能改變習慣與生活。那麼，什麼時候該重新審視自己的習慣呢？

除了痛下決心想著「我要改變」的時候之外，就是在人生轉捩點時重新審視。踏入社會時、換工作時、移居時、成家時、家庭成員增加時、養兒育女的階段結束時、屆齡退休離開工作崗位時。

嘗試重新審視自己一直以來的習慣，就能改善日常生活，讓全新的人生隨之閃耀光芒。

127
忍耐行為

如果想平息怒氣、掌控情緒，就需要忍耐。別認為忍耐是痛苦的，你反而將其解讀成一種「放鬆的方法」。所謂的「忍耐行為」，如下列所述。

- 不讓情緒波動優先掌控自己，先冷靜一陣子，忘記它。這是不用忍耐，也能平息怒氣、重整心情的方法。
- 於此同時，嘗試在身邊安排自己喜歡的事物，特別是音樂、香氛等。此舉能帶來鎮靜作用。
- 另外還有一個方法。所謂忍耐的「忍」是認同的忍，理解成承認的忍。所以只要認同對方就行。不要把重點放在忍耐中的「耐」。

128

模擬行為

採取行動或行為之前，如果是要與他人對話，那就在開口前嘗試模擬，如此就能減少疏忽、說廢話、傷害對方等情況。

在站上起跑線之前，運動選手也會事先模擬該以何種行動跑過何種路徑，這是基本工夫。日常生活中也能藉由各種模擬創造嶄新想法，發現能樂在其中的事物。

只要隨時模擬，就能減少失敗，也就無須不斷反省自己的疏忽，擁有平穩的日常生活。

129 保養行為

健康管理很重要。不論是獨居或是有家人在身邊，都必須確實抱持自覺，瞭解如果自己搞垮了身體，會對周遭造成多大困擾。

一個人即使在活力充沛時贊成「就是這樣沒錯」，一旦搞垮身體，就會改變態度，認為「這也是無可奈何」，然後變得總希望別人對自己好一點。好好保養身體，才能擁有想做什麼就去做什麼的生活。

- 將身體搞垮是自己疏忽導致。希望大家對這方面能多加留意。
- 「體型是天生的，不是我的錯。」是人都會傾向這麼想，覺得無可奈何而放棄；但只要有心，就能親力親為，將自己的體型鍛鍊得更美。
- 採取良好姿勢、正確呼吸，又或只要**定期深呼吸**，就能調整身體狀況或體型。

130 挑戰行為

覺得有意思的事、做起來開心的事、對別人有幫助的事……像這樣嘗試附加條件，讓「挑戰」擁有正當性，就能建立讓自己認同的目標。即使是身邊的小事，只要嘗試設定目標，想像自己完成那件事情，心情也會變得高昂。

只要有了目標，就能蒐集到很好的資訊。也會產生選擇資訊的意識，有助於自己一直以來的專業，進而變得想要更上一層樓，拓展人生。

- 至今沒做過的事、跟自己專業領域無關的事、不僅限於舒適圈而是深入非舒適圈的活動等，或許都可稱為挑戰行為。
- 具備必然性的挑戰行為，能夠活化生活。
- 挑戰新境界，就是從數種可能性之中選擇其一，自己親身去確認。這或許真的稱得上是「活著的喜悅」。

131 體貼行為

即使心裡想著「對任何人都要體貼」，但就是難以實行。那是因為在想像、思考對方狀況之前，你已經先把自己的想法視為優先。即使一般常說「理想是做到無我」，但我會想反駁：「不思考自我，能做到什麼呢？」

- 專心只考慮對方，掌握**確實狀況**。
- **正確想像對方的狀況**，才是體貼的真意。
- 以此為基礎決定自己的角色，將自己套入角色之中。
- 這也是一種改變視角的訓練。

132 簡報行為

所謂的「簡報」，主要是在商業領域進行新企劃提案時，「向對方傳達尚未具體成形、對方不知道的資訊，以獲得理解與認同」的行為。不過在家人朋友之間，也需要這樣的行為。如果能正確傳達、獲得認同，日後就不會產生誤解。不論工作上是否有需要，希望大家都能培養簡報的基本工夫。

- 如果是還尚未具體成形的內容，為了能用誰都能理解的簡潔方式準確傳達，首先可以**展示圖像**。就算有些微出入，或是不擅長畫畫，也可以畫圖給對方看。
- 讓說明者能散發魅力的**動作手勢**，**或是服裝儀容**也很重要。換句話說，能博得好感的陳述方式能讓人容易親近，不自覺展露微笑，這對引起共鳴進而說服對方是必要的。與其以飛快速度陳述，不如憑藉打動人心的強大與溫柔能量緩緩呈現，反而能給人沉穩之感。
- 根據內容做出些許表情變化的同時，也要展現真誠（不要唯唯諾諾或不正經地邪笑）。**姿勢要端正，動作要流暢**、不要太多。

- 最後要注意的其實是內容。
- 解說特徵，要搭配圖像說明才能讓人留下印象。換言之，要點在於彼此共享視覺感受的那一瞬間，呈現**出人意表的一句標語**。

一九九〇年代之後，簡報軟體急速進化，不論照片或影片、插圖、動畫等都能搭配使用。陳述不是展示，用的不是文字而是畫像、照片等情境，這一切都能精準擄獲人心。相關業者的反應實在相當迅速。

請選擇適當的技巧與方法，靈活運用。培養當代技術也是一種涵養。

第5章 提升溝通技巧的涵養

人要是少了與彼此的連結，就無法活下去。人與人藉由溫暖感受彼此，並藉由有溫度的溝通來深化彼此的羈絆。為了串連起那樣美好的羈絆，請提升自我涵養。

溝通，就是溫暖的表現。

溝通技巧 之❶對話基本之道

言行為一體

言行本為一體，生活中的行為跟使用的話語可說是同類。換言之，不論是對家人還是朋友，只要能在用字遣詞上尊重對方，即使省略敬語或用詞淺白，還是能維持對對方的尊重，打造柔和有溫度的對話。

133

創造有禮話語的連鎖反應

為了能順暢無阻地溝通，尊重對方很重要。因為，所有人都希望自己能受到珍惜。你能藉由有禮的舉止與用字遣詞來表現對對方的尊重。

只要自己的談吐有禮，對方也會變得有禮，能讓彼此的情緒都平靜下來。有禮的話語能夠感染對方。這也可說是用本身的習慣影響對方的明顯例子。請讓自己成為範本，創造禮貌的連鎖反應。

134

尊重對方，也要尊重周遭旁人

對話時請尊重對方的立場。即使關係親密，有旁人在時也切勿過於隨便。如果過度強調親暱感，有時可能會讓旁人產生疏離感。

體察對方心情，同時也要留意周遭其他人的情緒。這樣周遭的旁人才會跟著尊重對方。如果能留心到這種程度，口角爭執自然就不會發生。

對話是一種讓人開心的娛樂。只要說出能帶給大家歡樂的話語，就能做到對對方立場的尊重。把話說出口之前，先自問自答「這樣好嗎」，選擇不會傷害對方的話語。嘗試找出好話、讓人開心的話語。

135

比起說話，傾聽更重要

對話的基本之道是引導對方說出想說的話，襯托出對方的光芒，讓彼此都開心。有些人會等不及對方說完就急著插嘴。但有效的溝通，就是要等到對方把話說完。如果能聽到最後，或許自己不用開口也能贊同。好好聽完對方說話，對方應該也會很樂意聽你說話。

擅長傾聽的人之所以討喜，或許正是因為能讓對方感覺自己說完了想說的話。

- 對話的基本之道，就是**不要在對方說到一半時插嘴**。
- 除了聽你說話的內容，對方同時也會觀察你，這點很重要。**表情與動作、話語與心情融為一體**時，比較容易將想說的傳達出去。
- 花七成的時間傾聽對方說話，對方要求回答時，**用三成以內的時間回答**。
- 以「我想瞭解你」、「我想好好聽你說話」的心情傾聽對方。

136 擅長對話，等於擅長回應

沉默傾聽，不等於叫你什麼都不想。而是要一邊傾聽他人話語，一邊思考並模擬自己該做出什麼回應。但要是沒有確實傾聽，則不管你再怎麼附和答腔，對方都會知道你沒在聽。想在好好聽進對方的話，又不至於疲憊，就要與說話者站在同一陣線傾聽，不要對立。

就是讓對方暢所欲言，並做出巧妙的回應。如果離別時，說了很多話的人表示「今天聊得真盡興」，開開心心地離開，就代表你大獲成功。

137 擅長對話，等於擅長讚美

我們也常會碰上想讚美對方，卻不知道該怎麼開口讚美的情況。因為，如果沒有隨時思考這個問題，就無法讓好的讚美脫口而出。請從家人或自己人開始讚美，養成「讚美的習慣」。例如，**「我一直都很佩服您那件事」**、**「久仰大名」**、**「您平常就已經很出色，今天更是整個人散發光彩」**。

此時需要注意稱讚的時機。除了目標對象之外，如果有同等地位的人在場，稱讚就要低調一點，以免其他人覺得「為何只有他被稱讚」。這樣的話，不只是你自己，連你想稱讚的人，都不會留給其他人好印象。

另一方面，如果是你獲得稱讚，也無須畏縮，好好回答**「不敢當」**、**「謝謝您」**。彼此稱讚也很好。

138 擅長打招呼，等於擅長掌握打招呼的時機

所謂的「擅長打招呼」，指的就是擅長在適當的時機與對方打招呼。

一日之始的招呼，也就是一大早不期而遇、與他人打照面時，首先由自己先打招呼。當然，電話也一樣。先從打招呼開始，再進入正題。

而重要的是結尾的招呼。像是感謝或期待再聯繫等，請重視你所說的最後那幾句話。

此外，在宴會上與多數人相互致意也很重要，決勝關鍵在於時機與簡短一句話。必須避免與特定一人長談。如果能準備大量機智的溫柔簡短話語，那就會像一束束的花束一般，是一件多美好的事情啊。

139 避免用字遣詞招致誤解

朋友、家庭或職場之中，都各有各的「暗號」，還有彼此習慣使用的詞彙。像是合作對象的會議室裡，或是有陌生人在的場合，都各有各的用字遣詞。最好能根據時間、地點還有對象，巧妙地分別使用不同措辭。

然而不論關係多親密，也可能因不經意說出口的話語而招致誤會。親密的朋友之間也需要禮儀。

話語上的誤解有很多是源自年齡差距，這一點也必須考量。即使是時下任何人都習以為常的用字遣詞，也可能讓年紀較大的人留下不好的印象。舉凡如年齡、生活環境、經驗、職業、時代性（某個用語當時是如何使用）等因素，都會讓語言的使用方式有所差異，留意這一點，才能減少雙方認知分歧的情況。

140 比起說什麼，不說什麼更重要

不失禮，意即擅長使用尊重對方的用語。比起實際說些什麼，在這樣的場合不該說些什麼是比較重要的。多餘的一句話，常會成為失敗的根源。

如果是不必要的話語，寧願不說。想說出自己得知的事情，只是想滿足自己罷了。與其憑藉說出口的話語自我滿足，思考「對於對方而言，說什麼比較好」才是為彼此著想。要是知道了會對對方造成不便，就忘了吧。只記得好事，方為上策。

141 在宴會上，像外交官和演說家一樣說話

據說，外交官在宴會等場合，只會以對方能懂的說話方式與內容來交談。我們也要注意隔牆有耳、窗外有眼。為了只傳達給對方知道，聲音方向要朝向對方，輕聲細雨並保持口齒清晰，夾雜共通的密語，簡短交談。為免引起他人注意，短時間內就要結束談話。即使出現爭論，也要儘可能簡短，鐵則是「辯論時不深入追究」。在咖啡廳等場合閒聊時，如果只用對方才聽得懂的話，也能高枕無憂。請以外人聽來也感覺順耳的優美用語交談。

- 向眾人說話時，**口齒清晰**特別重要。呼吸能對聲音的宏亮程度與音量控制發揮極大作用。平日就習慣腹式呼吸，從鼻子吸氣然後嘴巴吐氣。
- 為了讓發音明確、口齒清晰，可以嘴巴張大唸「ㄚ－ㄧ－ㄨ－ㄝ－ㄛ」**練習母音**，或是用繞口令等練習明快發音。
- 用容易聽懂、**富有魅力的抑揚頓挫**說話。能配合對方呼吸傳達重要話語就算成功。
- 別誤以為高音就是可愛。據說日本女性的說話音調是全世界最高，但這是否有魅力也要看時間與場合。瞭解自己音調有多高、音色如何，也可以嘗試**練習低音**。

142 留意口頭禪或流行用語

口頭禪是很難聽懂的說話方式之一。以下嘗試依序舉例。

- 「**喔喔**」、「**嗯嗯**」、「**對對**」、「**欸欸欸欸**」、「**是喔是喔**」……，像這樣用雙數重複的口頭禪很糟糕。日文中的附和搭腔就一聲「嗨（ha-i）」，準確乾淨又能傳達出美感。即使有時會夾雜「對啊」、「**這樣啊**」、「**是這樣嗎**」等答腔，也請回應一次就好。別像「是這樣嗎～～～」這樣拉長尾音，也注意別使用如「那～個啊」、「**嗯～我想想喔～～**」之類的話。
- 第二糟糕的口頭禪，是會降低動力的話語。像是「**好忙**」、「**好累**」、「**沒時間（沒錢）**」、「**沒意思**」、「**無聊**」等。
- 像「**可是**」或「**所以咧**」這類接續詞，**後面常會出現藉口或否定的內容**。或許也應該避免。
- 要是老是使用單調的形容詞，像是「**好厲害**」、「**好可愛**」，慢慢就會變得只會用這些詞彙表達情緒。

・請嘗試審視自己諸如「**因為～**」、「**建議用～的方式**」、「**請問～可以嗎**」、「**請容我～**」、「**為您（＋動詞）～**」等口頭禪。

每個人都會受到當代的流行用語影響。要是心想「我是不是講錯」而感到不對勁，就請去查看看意思，有問題就避免使用。

143 如何回答問題

要是自己被叫到，就微笑答「是」，正視對方的臉。被詢問時，請練習回答不會對自己與對方造成不良影響，而且又準確的內容。

- 輕忽隨便的回答，會讓對方失望。即使是無趣的問題，也要學習用魅力十足的一句話來回應。
- 有時，也可能被問到似乎想傷人的問題，此時重要的是不要被激起情緒。
- 回應傷人問題時，不要說教或挖苦，要**若無其事地將對方引導到其他方向**。
- 如實回答後，如果傷害到對方或貶抑自己，就會造成遺憾。對於事實保持沉默並不是說謊。我們必須瞭解，如果有即使清楚真相也不願說出口的事，通常對方特別不願聽他人對自己提起。
- 就算對方沒察覺，說出口的也要是能讓對方開心的內容。就算對方當場沒有太大反應，事後理解時心情也會變好，同時變得正面積極。
- 就算心裡想叫對方反省，也只要先沉默傾聽就好。當對方覺得獲得理解，感到開心，然後恢復冷靜之後，大多數情況下就會自我反省。

144

說出對方期望的內容

如果能說出對方期望的內容，這樣的溝通就堪稱完美。話雖如此，如果像是巴結有權者的小人物這樣，只會說些順耳的阿諛奉承，那就永遠只能當個小人物。這裡的意思是，選擇講「對方聽得進去的話」才是正確解答。

對方無法接受的對話，毫無意義。為了讓對方接受，必須說出對方期望的內容，並在對方理解範圍內傳達自己想傳達的事。

只要在這樣的對話中，進一步加入鼓勵的話語或元素，大家應該都能因此獲得勇氣。藉由良好的對話，也能提升用以建立彼此連結的溝通密度。

145 說話簡潔

理想的報告或說明，不應該夾雜私人情緒，而是要採用正確、簡潔而沒有多餘廢話的說話方式。如果是有娛樂性的對話，則需要豐富表現力，以及飽含情感、彷彿能讓人在不知不覺中受到吸引的說話技巧。

雖說如此，也不必沒完沒了說著廢話，需要簡潔有力，讓人能聽出主題、彼此的共識以及清楚的結論，所以也和報告或說明相同。請充分意識到這一點，以有娛樂性又能帶起情緒的對話為目標。

- 比起快嘴陳述很多事，運用準確簡潔詞彙緩緩陳述才是理想狀態。彷彿正中紅心般「**一語中的**」，就能讓對方留下深刻印象。
- 即使是簡短的話語，其影響力也會回到自己身上。**話語如同刀刃，需要注意「不傷人，不受傷」**。
- 就算事先思考要傳達的是什麼意思、希望對方如何解讀，都可能在瞬間搞砸。害對方不開心時，就乾脆道歉，下不為例就好。

146

事先瞭解短講的形式

遇到必須自我介紹，又或突然被要求上臺致詞時，除非身經百戰，不然應該很少人能在毫無準備的情況下臨時應答。而身經百戰的人，看來似乎能臨時因應，其實那也是因為他們總是做足準備。

請事先寫好一分鐘的自我介紹，也請記住致詞的基本形式。首先是祝賀話語，接著是感謝受邀、受邀理由、和主辦方的關係，今後的期待與盼望等。再次致謝、收尾話語等等，或許可以參考致詞的好範本，事先構思。

147

在恰到好處的時候開口

對話的重要基礎之一，就是時機與停頓方式。就算話很少，但是藉由巧妙的停頓方式、「切中要領的準確度」，也能成就絕佳對話。如果能以積極又神采奕奕的開朗情緒說話，周遭氣氛也會隨之變得明朗。

別光想著要說有趣的事情，只要喜歡說些真誠開心的事，就能有開心的對話。希望大家能在恰到好處的時候開口，在對話之中讓人感受到開朗與幽默。

148 向連續劇學習說話技巧

找話題是需要教養與機智的，如果平日就能用自己的方式整合知識，就能建立自己獨特的教養。可別將一知半解的知識照單全收。

但要是準備過度，在模擬對話時想太多「這裡要強調」、「那裡要引人注目」，就會讓對話變得不自然。使用讓人感覺發展得自然而然的說話技巧，才是優秀的對話。想瞭解何謂「自然流程」，就必須先有相關流程的體驗。

小說、電影、劇作、電視連續劇等，是體驗的寶庫。那不僅能為我們帶來情緒上的愉悅，還能透過客觀、理性的分析與嘗試，大量儲備不同狀況的發展模式。

近來的連續劇情節有時候很複雜，不過基本都是三幕組成。第一幕是狀況設定、出場人物解說、事件開端；第二幕是高潮、主題骨幹、糾葛；第三幕則是解決、結局、發展的說明。

這和短暫對話或工作簡報都一樣。別忘了起承轉合，要以吸引人的方式統整一切。想要吸引人的第一要務，就是讓對方覺得「這樣的內容對自己應該有用」。

149 蒐集讓人精神百倍的好話

話語扮演了傳達情緒或想法、報告現狀等重要角色。進行工作報告，或在醫院回答問診時，必須摒除情緒或多餘裝飾，說的話要正確且簡潔易懂，換言之就是要精準選擇詞彙。不過，如果是想強化人際連結的溝通，則需要情感表現。說話時必須採用能營造出強烈臨場感、讓人心情好轉的話語，還有能帶給對方活力、強調彼此連結的用字遣詞。

能振奮心情的言語表現，就是好話、優美的話語。我們必須努力運用積極、肯定的話語來營造與人之間的對話。

請增加能表現自己感受的詞彙。尋找並蒐集讓人喜悅、感到優美的詞彙。從中再進一步嘗試蒐集更多相關詞彙。

例如，在彼此都感興趣的話題中加進花草、植物、可愛動物等用詞，選擇使用讓人能有正面聯想的詞彙。你可以將想到的內容寫在筆記本，並嘗試出聲唸誦。之後進一步尋找更多詞彙。

好極了、完美、清爽、萌芽、熱烈、精巧、憧憬、和煦、親切、殫精竭慮、一掃陰霾、美味、不屈不撓、謙和、柔軟、好運、柔和、卯足全力、緣分、快樂、正確、舒爽、喜悅、無妨、暖意、隨心所欲、平安、討喜、堅強、慶賀、幸運、閃耀、不愧、佳音、珍惜、堅持、托您的福、感謝……等等。

鬆鬆脆脆、神清氣爽、雍容華貴、寂靜無聲、~正盛、噗通噗通、閃閃發亮、恰到好處、豁然開朗、劈哩啪啦等，以日常對話為主的擬聲、擬態語的運用，也能更有效地傳達出當場的氛圍。

優美的語言表達，會成為本身的內在資產。

溝通技巧 之❷表達感謝

請多多表達謝意

一有機會就說謝謝吧。微笑道謝，能讓彼此都感受到暖意，是最簡單又有效的方法。聽人道謝會感到開心，心存感激；開口致謝也會感到開心，心存感激。

那要什麼時候說呢？別多想，立刻說出口就對了。那要在什麼場合說呢？只要說得出口，不論何時都不要放過這個機會。思考表達謝意的理由、說出謝謝，也是一種對話的形式。

將謝意立刻說出口很重要，事後再說也不要緊。剛才很謝謝你、昨天很謝謝你，不論說多少次都不嫌多。

150

感謝與幸福的關係

當你心懷感激，就能感受到幸福。並不是要感謝特定的人事物，而是感謝自己「活著」這件事，是因為受到了大家的支持與照顧，是自己並不孤單的證明。這正是值得感激的事。

對於直接發生或意想不到的幸運事件心懷感激，這很容易理解；不過即使是無形的事物，也請儘可能對那些間接促成的機緣、令人莫名感到美好的事情等心懷感激。感謝的習慣，能夠增加幸福的情緒。

151 讓感謝的話語更豐富

許多人都教導了我們感謝的重要性。這就像是東西只要是有口皆碑的「好吃」，眾人就不會先去想是否會浪費時間，而是不惜時間地大排長龍購買。兩者道理相同，正因為許多人都說感謝最重要，所以應該確實如此。

感謝能招來幸福，所以請多抱持謝意。就像聽見大家都稱讚「好吃」，你就會去排隊購買，藉此或許就能獲得幸福感。

只要記下許多感謝的詞彙並習慣運用，任何時候都能出口致謝。

而且這也是表現謙遜的好方式。

- 包括「**感激不盡**」、「**萬分感謝**」、「**謝謝您**」等，都是感謝和致謝的話語。任何情況下都能立刻說出口，才稱得上「詞彙豐富」，如何使用則關乎表達能力。
- 請持續練習，讓自己能在適當時機當機立斷地說出口。聽到「您好嗎」，就說「**託您的福**」；聽到「最近忙嗎」，就說「**託福您的福一切順利，非常感謝**」。購物時，也可以說「**感謝您，我才買得到這樣的好東西**」。

- 與許多人往來時，維持相同模式溫暖相待，是美事一件。面對任何人都說得出「謝謝」，就是彬彬有禮的表現。
- 面對陌生人，更周到地自然說出**「不好意思」**、**「謝謝您」**是很重要的。
- 即使是家人，只要時常不忘彼此說聲「謝謝」，就能傳達「愛的溫度」。「謝謝」也可說是一種輕度的「I Love You（我愛你）」。

152

顧慮、關照、體貼、用心、細心觀察

只要身處社會中，多方顧慮就是理所當然。如果無法好好顧慮他人，你就得反省了。但是要「顧慮」他人其實很困難，就算累積豐富經驗，也很難成為達人。

更何況，想要顧慮得不讓對方察覺、不造成對方的負擔，又更加困難。要是對方感受到自己被顧慮，心情就會變得沉重。顧慮既不是為了誇耀，也不是為了讓對方說出「承蒙關照了，謝謝」。

有時明明覺得彼此關係親密，一不留神卻說出與對方想法背道而馳的話。當然，這就是顧慮不足所致。這時道個歉也是理所當然。雖然期望獲得對方原諒，要是沒有獲得原諒，也別惱羞成怒，而是要持續釋放善意，等候合適時機。總有一天，能對彼此說出「謝謝」的時刻就會到來。

請讓自己習慣顧慮或關照他人，而且不會因此感到疲憊。

・**「顧慮」**是指自己藉由察覺對方的需求，考慮怎樣做比較好或是替對方操心。

- 「**關照**」是指從本身立場去覺察，在自己能力範圍內體恤對方的期望。像是對部屬或孩子的關懷等，就是一種心心念念的關照。感受到對方的顧慮，主動出聲詢問的溫柔就是關照。
- 「**體貼**」是根據對方情況設想未來，為了讓對方順利而進行籌畫與安排。「**用心**」則是綜觀全貌，思索將來，考量對方的現況。
- 「**細心觀察**」是指仔細觀察周遭，綜觀一切，注意看是否有過失與阻礙。

不僅是話語，對方的行為或表情等也會透露許多資訊。可以根據這方面的資訊，讓人際關係逐漸加溫。

153 表情與動作也能展現謝意

滿臉笑意的人，會讓人感覺他很幸福。就算想隱藏笑容，旁人也會察覺到「這個人一定發生了什麼好事」。打從內心發出的微笑，是無法完全隱藏的。

但如果真的「隱藏微笑」，就太可惜了。因為微笑是能感染周遭所有人的。

感謝的話語始於「謝謝」，然後由各種絞盡腦汁想到的致謝話語告終。但如果表情僵硬，那一切都會變成謊言。

應該說，僵硬的表情是無法傳達感謝之情的。只要內心充滿感謝，面頰自然就會放鬆，眼角也會下垂，雙臂也會隨之展開。周遭的人也就必須接納，並藉此分享喜悅與幸福。

如果能將旁人的喜悅當作自己的喜悅，自然就能增加幸福。只要微笑，就能變得幸福。

溝通技巧 之❸課題因應方法

注意別貶低自己

與人的溝通與聯繫，雖然是人生中的一種喜悅；但在另一方面，幾乎所有煩惱都與人際關係有關。有不少人都會在人際關係上感到勞心費神，疲憊不堪。不過，會因顧慮他人而感到疲憊，其實只是因為還沒養成日常習慣；只要習慣，就不會再感到疲憊。

此時，顧慮他人、保持謙虛並節制，又或是懂得禮讓都很重要；唯一要注意的就是：別在不自覺中貶低自己。相反地，有時我們可能會自吹自擂，這也是一種自我貶低。而不懂得控制情緒，不加思索地說出傷害對方的無謂話語，則是最難以挽回的行為。

154
將抱怨、不滿、藉口都轉化成提議

請時時警惕，將抱怨或不滿轉化成提議後再說出口。

不滿，就像是一種對自己的溺愛。在你對對方萌生不滿而爆發之前，只要先思考不滿的根源是否在自己身上，就能將這種情緒轉化為提議。

抱怨可以解讀成「缺乏自信」。盡其所能、認真投入的人，不會胡亂抱怨。明明是自己無法堅持到底，卻對身邊的人說「讓我抱怨一下，我只跟你說」，這是一種壞毛病，而且還會造成聽者的負擔。

只要努力累積，做到腳踏實地、不找藉口，就沒有抱怨或不滿的閒工夫。不如想著「就是因為沒有用心投入，才想找藉口」。

155

不說出帶刺的話語

如果有人時常脫口而出帶刺的話，代表他的心地不怎麼好。要注意別接近，也別模仿這種人。

話語的刺也會刺到說話者，不管再怎麼懊惱都別說這種話，請將它轉換為溫柔的話語。如此一來，你就能理解到溫柔的話語還是比較有效。

別再說別人壞話了。因為你覺得不好的人，任誰應該都會有同感。總有一天大家會發現，所以沒必要特地去說些什麼。要是忍不住脫口而出，就會被認定是個「會說別人壞話」的人。最好是以泰然處之的態度，將那個人排除在自己的生活之外，方為上策。用不著特別去說三道四。

就算不是帶刺話語，對謠言聽而不聞也很重要。萬一聽到謠言，別涉入其中方為上策。**說著「是喔」**，**左耳進**、**右耳出**，什麼都別回答，轉向其他話題。必須覺悟到，涉入其中恐有同罪之虞。

不用回應他人對於自己的批判、半開玩笑的毀謗中傷、嘲弄等。隨時警惕自己，轉換其他話題。

對於讓人感受到對金錢執著的話題，也保持距離為佳。

156 事先瞭解如何因應被動式攻擊

有很多人都會頑固地深信自己是對的。這樣的人會因為事情和本身期待有落差而責怪他人，因為覺得「自己是對的」，就去責難、批評對方，片面斷定只有自己最努力，別人什麼都不做。還有人會把別人牽扯進自己想攻擊的事情中，說些「你覺得這樣可以嗎」、「不如別做了」之類引誘式的話。還有人會拿「這是我的信念」、「這是基於信念」當理由，加深自己的執著。

這些人都有一個共同點，那就是「不明說是自己想要這樣」。

這種人現在愈來愈多。擁有這種「被動式攻擊性」的人很危險，最好是完全避免接觸。要是不慎被拖下水，切記別責怪對方，而是要貫徹自己的做法。請跟對方說：「我雖然不同意你，但可以認同你的心情。」

157 在高級店家時注意言行舉止

擺出一副「這樣貴的東西我就是買得起」的囂張態度，又或一踏入高級店家就顯得畏畏縮縮、客客氣氣……，上述不論何者都很滑稽。不論何時身在何處，只要能堂堂正正、彬彬有禮地展現自然的舉止與對話，看來就會很美。

「只要有錢，只要我喜歡，哪種店都能進去」的想法，實在大錯特錯。事先了解什麼樣的店家適合自己，才是有智慧的行為。

要是不小心走進感覺不適合自己的店家，請以柔軟的身段展現出自然有禮的顧客態度，展開對話。店家注重的不只是顧客是否會購買，舉止合宜的顧客也會令人心情愉悅。無論是接過剛購買的商品，或是步出店家時，都別忘了說聲謝謝。

158

不講「迴避的話」就能巧妙迴避

如果總希望處於優勢，自然就有讓人感覺「高高在上」之虞。如果能極度注意避免流露高高在上的態度，反而能獲得良好評價。

當思考或行為高高在上時，就算言談恭敬，對方還是能感受到那種高高在上的感覺。想要處於優勢的「騎到他人頭上行為」，會降低本身品格。不論對方是誰，請別忘了懷抱敬意。

別被引導進消極的話題中。面對負面的話題，請別繼續深入，向對方提議「讓我們切回正題」方為上策。

為了轉換話題，不論任何主題都請重視目的，明確對焦。遇到消極話題的分叉路時，別急著切割，以「先看看情況再說」的感覺，暫且擱置正題或許也不錯。

遭遇負面怒火時，請安靜彎下腰，等候怒氣過去。

為了避免被駁倒、先發制人，我們會下意識講出「迴避的話」。只要對方一閉嘴，就能放下心中大石，所以養成了一切都「迴避」的毛病。例如「那個事情啊，我現在知道了」、「這其實根本沒差」、「這也沒辦法」、「別鬧彆扭了」，對關係親近的人也是常脫口而出；然而，這樣的對話其實是「要對方忍耐，硬是要求對方閉嘴」。

只要不講「迴避的話」，認真傾聽對方，就能平息對方的情緒。將對話引導到正面的方向，應該會比較好。

愈是負面的人，愈傾向用「迴避的話」打發當下情況。負面的人不喜爭論，因為他們絕對不想辯輸別人。這是一種貶低自己的陷阱。

159 如何運用社交辭令避免失敗

儀式或典禮等場合中，致意的社交辭令通常沒有太深意涵，只是為了顧及彼此的圓滑；不過在日常發言或招呼中，有時很難區分是社交辭令還是親密話語。要是腦袋斷定是社交辭令，左耳進、右耳出，就可能無法汲取其中的重要話語或心意。

即使是讚美的社交辭令，只要確實傾聽，也能瞭解自己在對方內心的定位為何。

如果想透過社交辭令緩和氣氛，最重要的還是心懷敬意。不能想著對方會認為是場面話而當成耳邊風，就說些敷衍了事的話。例如，稱讚年紀比較大的人的東西「哇，好可愛唷」，內心卻睥睨對方「也不想想自己是什麼年紀了」，這並不是讚美。即使說的話沒這個意思，對方也會想成是這樣。

160

巧妙地委婉表達

無論自己多反對，即使出言批判之前已經先考量過本身立場，直接批評對方還是很危險。委婉一點或繞個圈子，在否定時不至於傷害到對方，是每個人應懂的處世之道。**首先肯定對方意見，然後再說「雖然會有點辛苦，不過或許也可以這樣做」、「我很瞭解你的心情，不過或許還有其他方法」**等。

以「『一般來說』『通常』『女生』『男生』都不是這樣」去否定對方，是很危險的。那會帶給對方「高高在上」、「這種事誰都知道」的感覺。

安全的做法，是以**「我只是突然想到而已」**等說詞，引導對方在聽了之後重新考慮；或即使被當耳邊風，也能保持委婉的說法。

要**避免斬釘截鐵的說詞、攻擊性話語，運用沉穩措辭**。

161 不想回答，可以不要回答

有時，會有人以禮貌的言詞，問出冒失的問題來。在這種時候，裝出一副困惑的神情，又或毫無反應，都是會被諒解的。要是被問到你不想回答的問題，是可以不做出任何反應的。

你愈想著要如何好好回應對方，對方就愈不會當成一回事。想詢問重要事情時，絕對要用讓對方想回答的問法。

對冒失的問題毫無反應，是適當的舉止。可能的話，可以由自己提供轉換方向的話題。

162

別深入踏進他人領域

即使關係親密，對方懷抱自信視為是自己的領域，或許還是不要過於深入踏進去比較好。就算爭論過後辯倒對方，也只會為彼此留下情感的高牆。初次見面時，要先確認彼此專業，尊重對方。從對話的細微之處，感受對方是什麼程度的人。

如果在這種時候一意孤行地帶入太多情緒，就會造成判斷出問題。希望大家避免詢問私人問題，來場爽快的成年人對話。

163 巧妙的謊言是存在的

從表情看不出來、一輩子都不會被拆穿的謊言，沒有人可以得知那究竟是謊言，還是真的？多數情況下，人其實都只是被逼到絕境，就是無法將真相說出口罷了。

不論狗或猴子都會說謊。有能力說謊，才會有謊話的存在。

另一方面，也不是每個人都想聽真相，所以不會說謊的人或許也很讓人傷腦筋。

並不是所有的謊言都會傷人，也有讓人感到平靜的謊言。像是幽默或讓人開心的話語中，就存在謊言。

需要注意的是，會立刻被拆穿的無趣謊言，會摧毀他人對你的信任。

164

成為優質的商量對象

有人來找自己商量事情時，對方如果能認同自己回答的內容，心情也會很好。不過，這對對方而言是否也成立，就不得而知了。要是講東講西地講太多，就會讓對方陷入無法吸收消化的狀態。

- 以**能帶來啟發的關鍵字說明**，然後等對方察覺，這才是解決之道。
- 面對對方的怒氣、哀傷、不滿……所有負面情緒，要是基於同情心用本身情感共鳴，只會讓不滿增殖。不應該讓自己的情緒隨對方起舞，請客觀接受，支持對方、**將之導引向適切方向**。
- 不管是把自己的快樂建立於他人的不幸上，操弄對方的情緒；或是因為同情心過剩，而與對方一同陷入沮喪的深淵，都不是好事。

165 享受與初次見面的人的對話

與不認識的人無法對話，就不能算是一個成熟的成年人。第一步是要「找出某種契機，讓自己覺得向不認識的人攀談是件開心的事」。就算沒辦法聊得很有技巧，對方也不會太在意的。就算身處初次造訪的場合，沒有人認識自己，也請懷抱積極融入周遭的勇氣。

- 「對方會不會覺得我很難聊？」、「說這種沒意思的話，會不會讓對方覺得我很失禮？」，擔心這些都是多餘的。
- 不怕生、能言善道雖是優勢，但也請你要知道：如果一直對周遭拋出沒有質感的話語，會對他人造成困擾，請以適當的程度享受其中樂趣。
- 如果能面帶笑容，就算不是那麼會說話，也能打成一片。
- 請努力嘗試以少量話語向對方搭話，引導對方開口說話。也就是說，比起自己說話，更要鍛鍊引導對方開口說話的技巧。

166

有主題的對話

即使不是什麼大不了的事情，只要抱持能當作主題的問題意識或關心，就會發現相關的人事物會如同吸引力法則般集合到你身邊。這其實只是因為，你發現了自己過去未曾察覺的「原本就存在的人事物」。

比起沒有主題的含糊來往，接觸切合主題或目的的人或物開心多了，也不會感到疲憊。即使工作、喜好不同，也能共享原理、原則契合的對話。

只要關係不是太親近，舉凡如健康問題、與家庭之間的摩擦、牽扯到金錢的話題、炫耀性話題（例如與愛犬相處的成功經驗談）等，原則上都要避免。謹慎面對私人話題會比較萬無一失。

就算稱不上是直言不諱，也並不是在裝模作樣擺架子。只要能表現出坦率與正直，就能在有主題的對話中發揮自我本色。

167 用自己的話來講

具備一貫性的說話內容，就會讓人想要好好傾聽。只要對說話內容與用字遣詞負責，對方就能從中感受到真實，感覺上似乎能看見什麼具體確切的東西，自然就會豎耳傾聽。如果能進一步做到言行一致，就能讓對方獲得實在感。希望大家能以這樣的溝通交流。

- 對於親近友人、家人、陌生人、工作對象等，能**將不同用字遣詞區分使用**，就能為對話帶來趣味，這也是優質溝通的表現。
- 就算想極力粉飾太平，對方或許都能一眼看穿，哪種程度的對話才是這個人的真實樣貌。相關標準是由自己決定的。
- 就算關係親近，思考「能直白到什麼程度」的顧慮，不僅能避免讓對方覺得失禮，也是為了自己好。
- 為了避免看來只顧著表現自我，例如「我想這樣、我想那樣」，要儘量避免主張「我」的感覺。別說「我想」，改成**「可以這麼想、可以這麼看、可以這麼感覺」**等。

・儘量避免反駁對方的話或提出反對意見，首先請表示出同意。用「**那樣的熱情真的很棒**」、「**進一步推動後，會是什麼樣子呢**」等，即使已能預見結果，也必須等對方自己察覺。

・別急著表現自我，而是讓對方自己採取行動，那樣也比較好吧。我們憑藉的並非知識或他人的話語，請以自己內在養成的話語思索，然後說出來。

溝通技巧 之❹加深羈絆

友情與博愛是得以實現的

是人都會追求溫暖，沒有羈絆是無法活下去的。無論是追求懷念感，還是遙想故鄉，都是在尋求羈絆或溫暖，以及任何的蛛絲馬跡。

在現今時代，巧妙的溝通是身而為人最重要的涵養。

明確的表達、對於對方的敬意，以及理解對方立場與想法的溫柔，這三者不可或缺。

168 所謂的愛，是守護對方

家人或親密友人，彼此之間雖然沒怎麼意識到，其實都在給予對方愛。特別是家長給孩子的愛，像是投以溫暖眼神等，都能促進孩子的成長。如果能感受到，自己也會回以相同眼神。

自己單方面過度要求的愛，是種自私而封閉的愛，無法讓對方覺得舒服。如果渴望溫柔，自己要先溫柔待人；如果希望對方微笑，自己要先微笑。只要守護對方，對方也會想要守護你。愛，就是守護對方。但問題就出在：人會因為當下的情緒，而對人忽冷忽熱。如果無法持續維持暖意，就會讓彼此彷彿在洗三溫暖，讓關係徒留遺憾。讓關係徒留遺憾。

你與他人的關係、羈絆，足以印證你自己的積極性。我們常傾向將積極的人判斷成活力十足的人，但是積極性並非能量多寡，而是本身意識的方向。

169

友情的話語與意義

常伴你左右、與你的心同在，那就是友情。不僅止於金錢援助，還能做到精神支持的朋友，才是能給你真正友情的人。這應該是常對彼此道謝的對象、會心懷感謝說「多虧你」的對象。認同對方個性、接受對方與自己的差異，彼此相伴是很棒的一件事。

那樣的心情，自始至終不會改變，能做到這點的朋友有幾個呢？人數不重要，只要有一位這樣的朋友，就很棒了。

友情，就是不會棄朋友而不顧、自始至終全心相信。如果只是盼著「有人能成為我的摯友」，是無法讓朋友朝自己走來的。要是錯過靠近的朋友，會是種遺憾。首先，請朝著「想主動接納朋友」的積極方向調整心情。所謂的「益友」，就是也會讓自己獲得磨鍊的機會，彼此共同成長的人。

對於朋友，就算用字遣詞是沒那麼拘謹的輕鬆日常用語，也應該比一般人多顧慮好幾倍。要是因態度輕忽而講出什麼任性的措辭，又或一不注意說出傷害對方的話語，就無法挽回了。

如果關係沒這麼親近，這種失敗會隨著時間和傳言一起消逝；但是如果關係親近，不經意說出的話語並不會消逝，反而會形成彼此的芥蒂，這一點必須注意。

會對自己伸出援手的人，多是親近的人，相對地也必須更珍惜他們才行。朋友就是能讓自己道出任性情緒，什麼都無須隱藏、直言不諱的人，但是為了守護友情，必須儘可能珍惜對方、慎重以對。

起初是約略得知對方生日，寄送祝賀訊息。被問道「你好嗎」，就回答「託你的福，我很好」，來傳達近況。有拍對方照片時，別忘記傳給人家。對方取消原本約好的會面，也要懂得諒解，自己則遵守約定。重視對方的意願。見面後，別忘了傳達「今天很開心」的感謝之意。偶爾，說出無條件接納對方的話語。

以上都是長久維持摯友關係的要點。即使就只有那麼一點，別忘了摯友的魅力並珍惜。

170 讓自己得以保持慈悲之心

所謂的「憐惜」，是指向深陷痛苦的人，傳達溫柔感情。有時就算覺得對方可憐，卻什麼都做不了，又或對方並沒有渴求些什麼，也就是說對方尚未理解自己的困境。此時，藉由持續付出溫柔的感情，或許就能讓對方的情緒也變得溫柔。

要時時懷抱慈愛還有憐惜，亦即對所有人都懷抱平等的友情。慈愛是母親給子女的無償之愛，憐惜是溫柔溫暖的感情，由衷的支持。

希望大家能憑藉自己，持續保有這種平等的友情。只要所有人最終都能做到博愛，或許就是一個成年人的成熟社會吧。

171 維持內心不變的暖意

所有人都在追求溫暖，不論多冷漠的人都不例外。彼此給予暖意，就是羈絆。溫暖之中不變的安穩溫柔，以及不變的溫暖心意是很重要的。但在許多情況下，我們會被自己的情緒牽著鼻子走，讓自己的暖意產生差別待遇。不要初次見面，覺得自己和對方合不來，就說「我從這個人身上感受不到溫暖」，至少請先保持中立。

之前曾親近的人，可能因為有一陣子沒機會見面等原因，因某些齟齬造成誤解，從此懷抱著對彼此的不滿；而隨著時間流逝，其他交情或團體也逐漸成為自己的生活重心。這許許多多的變化，都很容易改變人情冷暖。要是任意改變本身暖意，就更容易產生誤解，愈來愈難做出正確判斷。

換言之，為了保持客觀、為了珍惜羈絆，維持內心不變的暖意都非常重要。

・就算從對方的行為或語言感受到人情冷暖的變化或不對勁，也別追究對方又或逼死自己，而是要抱持**在模糊空間中暫且接受的胸懷**。

・就算明白對方的暖意已經改變，對方認為與自己的關係已經沒有用處，也**不要改**

變自己內心的暖意。

- 暖意不分大小，就算只感受到些許暖意，也要覺得開心、懷抱感謝。
- 就算自己能維持一定暖意，該如何因應人情冷暖的變化還真是件難事。想懷抱廣闊胸襟，請先**稍安勿躁**、暫時按兵不動，別急著確認、也別因此讓情緒大起大落，藉由其他方法去接受事實等，嘗試讓本身情緒更有廣度。
- 內心溫暖，就能擁有活力。大家會想去激勵身體有疾患的人，就是想嘗試溫暖對方的心吧。身體有疾患的人，只要內心獲得溫暖，應該就能恢復精神了。相對地，彼此要注意**別讓他人感到心寒**。
- **只去接受好事**，內心溫度自然就不會有所變化。
- 暖意與人品息息相關，只要能維持內心的暖意不變，就能維持你的人品。不變的暖意，是人品的風向球。能夠維持不變的暖意，代表你的人品滿分。

第6章 提升生活規範的涵養

職業或地位，說到底就只是一種角色，並非人生的一切。與職業或職務無關，所有人都必須自我砥礪、成長，逐漸打造出能讓自己認同的自己，而這才是人生的要務。所謂的「自我探索」，並非「探索」，而是「創造」。

在此最終章，將談及為了達成上述內容，樹立自然愜意的「生活規範」的相關涵養。

生活規範 之❶人生目的與目標

思考如何樹立自己的生活規範

一路追尋人生目標的過程，或許迂迴曲折、跌跌撞撞，但對任何人而言，最終的「目的」不都是「追求美與幸福」嗎？自古以來都是這樣，先人也藉由各種形式將這個道理傳給後人。但遺憾的是，總會有許多令人困惑的事，讓我們難以輕易達成目的。

許多人都希望能做對別人有幫助的事，或許正是認為，對他人產生助益，對自己而言就是幸福。

為了達成人生目的（追求美與幸福），你會設定什麼樣的目標呢？

172 將目標連結今天的行動

目標，是為了更接近目的，當下鎖定的努力標的。是為了達成目的的階段性標誌。為了目的設定目標，並且將如今應該採取的行動與之連結。目標是與今天行動的一步相互連結的。

事先瞭解為了達成目標，今天該做些什麼，今天的現實就會變得與昨天不同。今天的現實如果與目標有所關連，就能往「達成」更邁進一步。令人意想不到的是，只要自己嘗試動起來，就可能發現之前沒有預期過的方向。

目標是接近目的的里程碑。請完成每個小目標，一邊往目的邁進。

173 將目標連結目的

會感嘆「不論做什麼都無濟於事、做的事都無法串聯起來」，是因為儘管擁有「想做這個、想瞭解這個」的目標，卻沒有思考清楚到底為什麼要為此努力，也就是最後總結一切的目的。如果有目的，所有一切應該都會隨之相互連結。

- **目的** 最後的目的地。不論發生任何事，都不會被撼動，是最終實現，也是抵達之處。
- 即使目的的總結是抽象的「幸福」、「美」，得以呈現、品味幸福與美的現實目的，也會藉由具體行為、物品、空間、環境等展現出來。為了將那樣的理想化為具體，必須擁有目標。
- **目標** 目標分散於生活各式各樣的項目之中。工作（工作本身也會成為生活意義）、經濟（生活所需預算）、健康與修養（興趣、運動、睡眠、飲食）、社交（不論頻率高低的人際往來）、自我磨鍊、社會貢獻等，是每個人的共通項目。以時間統合上述項目，一邊維持協調平衡，同時擬定能接近目的的目標。

174 正是工作，才會讓人覺得忙碌

光是要活下去，就已經夠忙的了。更何況有目標或交期的工作，當然會讓人感到格外忙碌。那麼，該怎麼做才能緩解這樣的忙碌呢？

所謂的「忙碌」，就是不知道該從何做起的狀態。

首先，**別使用「忙碌」這個詞彙**，就能緩解忙碌感。

為了判斷應該做的事，必須記錄彙整所有掛心的事項。下一步，**在那份筆記上標註優先順序**。

筆記上寫出「一」的工作做完了，**那小小的成就感就會轉化成能量，讓下個工作的進展更快**。由於能想像出自己逐一投入工作的樣貌，速度也會隨之提升。

預測工作所需時間。可以根據之前花在類似作業內容的時間去估計。另外，也要訓練自己像是時間的調整等計劃能力。

展開工作的瞬間，就要全神貫注投入。對自己下達「開始」的訊號。

會覺得忙是因為內心沒有餘欲。你可以在一早緩緩打開窗戶，感受風的流動，望

著隨風飄盪的窗簾，嘗試想像心情也隨之鼓漲；如此就能轉換心情，效率也會提升。會覺得忙是因為內心沒有餘欲，藉由轉換心情，就能提升效率。

只要明確擬定工作的預估與進行方式，即使工作量大，也不會立刻連結到「忙碌」。推動工作能否巧妙規劃流程，與工作量或工作對象無關，問題在於自己本身內心的餘欲。對於他人盛情厚意或協助，能直率反應也是種餘欲。

如果能聰明、有智慧地掌控工作，就會變得開心。

過度期待自己在工作上做出成果，也可能招致失敗。就算被說「你做得很好」，很多時候其實都只是激勵的成分罷了。

175 關於金錢的生活規範

「因為沒有預算，所以做不到」，這句臺詞不論用在大事業或日常小事都很方便。然而，這只是不想做的藉口，難以拒絕某件事的請託之詞。不論在哪裡用、怎麼用，都不會改變這是藉口的事實。

不用藉口的生活模式，也是容易達成目標的生活模式。伴隨藉口的拒絕，不如在自己做得到的範圍內接受，這才是堂堂正正的生活模式。

珠寶銷售達人，根本不會對不買的人展示商品。詐騙份子或銷售達人觀察對象，並不是根據那人有沒有預算。這也就是大家常說的「能區分嗅聞金錢的味道」。企圖用錢解決麻煩事、認為只要有錢就能解決一切問題的人，是比較容易對付的。一旦被金錢掌控，就會毫無意義地遭受擺布。

那麼只要踏實過生活，自然就會有預算嗎？那其實也必須憑藉努力，等時機成熟。**對於無法操之在我的事，希望你訂下「以毅然決然態度面對」的規範**。

話雖如此，嘴裡嚷嚷著「沒預算」、「沒時間」，彰顯的是內心缺乏餘欲，這一點是不會改變的。

176 珍惜時間

時間是有限的，只要意識到「當下的時間一去不復返」，就能瞭解時間的重要性。在彼此共享的時間中，唯有以良好效率實踐目的，才能有效運用時間。守時，有兩個意涵。

所謂的「守時」，第一個意思是**遵守約定**。還有一個是珍惜時間，也就是**重視對方**。**遵守約定好的開始時間，遵守結束時間**。這樣的習慣，也能養成遵守約定的習慣。這一點，同樣適用於自己本身的時間。就各層面的意涵而言，「時間就是金錢」。**與人相約碰面，不要遲到**。頭一次造訪的地點要提早抵達，事先熟悉環境。只要培養出有效運用等候時間的技巧，就不用擔心太早到而閒得發慌。

例如，寫生。包包裡隨時藏著迷你速寫本與筆記用具，就能描繪眼前景物。不論停在那個階段，沒辦法畫得很好都無妨，寫生對於養成「面對眼前人事物」的行為習慣，是非常有用的。

老想著「有空的話」，卻老是沒空。每個人都想從任憑自己運用的時間中發掘價值，既然所有時間都是自己的，對於「想做的事情」或「必須做的事情」請一視同仁，將時間運用於現在應該優先去做的事情上。

「不想做的事」，請用運動員心態以正確方式分秒必爭。「想做的事」，請以藝術家的感覺，別在意時間，儘量專注投入。

掛心的事情不要拖延，在牽掛的當下瞬間處理。不論是延後處理或瞬間處理，耗費時間都一樣，應該做的事情一旦累積，就會需要耗費大量時間。當下處理完，就能從該行為獲得成就感，也能練就相關本領。

請從確實認知「二十四小時都是自己的時間」做起，不論任何時間，只要嘗試珍惜每個瞬間，努力讓每個當下有效閃耀光芒，餘欲或許就會出乎意料之外地隨之萌生。

請別認為時間無法操之在我，如果能巧妙掌控，心情也會變得舒暢。

177 掌握日常行為的所需時間

我們都過度依賴多功能智慧型手機。很多人認為手機的重要性僅次於性命，那是很危險的。即使現今以「數位」為主流，較為落後的「類比」因應也該並用。這並不是說，在時間方面要用手錶。女性的手錶現在已經成為類似手鐲的裝飾品之一，而男性的手錶價值，現在或許已經是一種地位象徵。比起手錶，更重要的是鍛鍊生理時鐘。對於時間，要提升本身生理時鐘精準度，約略感知開始後大概過了幾小時的所需時間。

同樣的，也要適切掌握主要生活行為的所需時間。只要瞭解在這段時間內能做什麼，就能避免浪費瑣碎時間。慌張覺得「沒時間」的情況也會逐漸減少。

為此，就必須測量日常行為的時間。

洗澡時間、刷牙時間、洗臉時間、化妝時間等，記住自己所有的生活時間，保持正確的時間觀念。

最重要的時間，莫過於睡眠時間。要確保適合本身身體狀況的睡眠時間，將起床時間做為當天開始的起點，組合分配一天的所需時間。

178
思考自然

日本人對於自然的思考，是認為人類與自然在宇宙中是一體的，人類是自然的一部分。而西歐則是認為，自然由神所創造、人類也是由神所創造，就結構而言人類在自然之上，所以擁有征服自然的強烈慾望，認為勞動也是神降下的「懲罰」。

對於認為「人與自然本為一體」的日本人而言，正如同自然有四季、會變化，工作是賦予我們的職責，也會成為喜悅。日本人相當瞭解自然是絕佳導師。而企圖臻於極致的特性，就發揮在這方面。**工作是讓人開心的生活價值**。而人類就與自然一樣，同為宇宙的一部分。

思索自然的生活規範，就是保持健康與修養的完美平衡。這無法已是用單一對象的模式鎖定。人類身體特徵在於會有個體差異。從地球規模的角度看來，有不睡覺的人、也有不吃飯的人。

以往，日出而做、日落而息是原則；但是對於日夜都在活動的都市人而言，我們不能斷定熬夜就是一種不可取的行為。或許有人在夜間工作，工作會比較有進展。

話雖如此，最近就連都市，早起好像成為了主流。結果，當然就會形成晚上必須早睡的循環。

「季節感」對於日本人而言，可說是心靈與生活的慰藉。日本文化基本上就是熱衷於欣賞讚嘆四季。日本人享受搭配四季的活動，自古以來視為是生活的快樂。即使平日生活質樸，也很重視各種當季活動，在食衣住各方面，始終致力於發揮生活之美。

那種層次變化，造就了生活韻律。家人藉由過節的共同作業，加深彼此羈絆。日常生活想過得愜意舒適，就必須避免一成不變。希望大家能將家族紀念日或生日等，當作是貼近自己的活動，全家一起慶祝同樂。

生活規範 之❷生活習慣

創造全新的生活習慣

生活幾乎全憑藉習慣運作。大家很容易覺得自己的習慣與他人相同，但是想成每個人的習慣各不相同，或許會比較好。從食物好惡、用餐時間、用餐次數、睡眠時間、什麼時候睡覺、什麼時候洗澡、冷熱感受等，如果要舉例，可說是不勝枚舉。

腦部會根據本身習慣，實踐已經固定下來的內容，讓身體動起來，所以沒必要對腦部下達相關指令。這可以說是自動駕駛。要是因為環境變化（居住地點、居住型態、家人）必須改變習慣，那真是讓人困擾。工作內容的變化、境遇、立場等變化也一樣。習慣是很方便的東西，變更習慣也可以說很麻煩，但是改變一直以來的習慣，也能活化身體功能，是種積極的重開機。

179 難能可貴的好習慣

為了輕鬆生活，讓良好的習慣主導生活可以說是種理想，首先靠自己提升生活規範的涵養，如果連「要怎麼生活」這種創造性的自我文化都營造出來，那就不只是單純習慣，會成為難能可貴的習慣。

- 優良習慣的最低限度，首先是**保持健康**（午睡十五分鐘、肌肉訓練十分鐘、走樓梯、慢跑或散步十五分鐘、自己帶水、減少外食、利用空檔做伸展、背部伸展、身呼吸）
- **保有求知慾**（閱讀十分鐘、背誦一句英文對話片語、諺語、古文朗誦）
- **對創作懷抱興趣**（靈感筆記、縫紉、寫生、攝影）
- **日常經濟**（確認收據、一天儲蓄、確認不需要的物品來提升生活品質）
- **關於心靈的習慣**（今天稱讚了幾個人、對幾個人展露笑容，像這樣寫下一至三行的好事日記）
- **遵循本身原則的內在習慣**（蒐集展現溫柔的詞彙、手寫字）
- **自我磨鍊的習慣**（寫出本身優點）

180 提升注意力的習慣

為了提升注意力，需要控制壓力。心不在焉，就會導致粗心大意。焦躁不安，就會導致對一切的注意力渙散。首先不論精神狀態如何，如果擁有慎重行事的習慣，即使注意力不佳，多少也能避免粗心大意引發的疏失。

注意力與專注力具有微妙的關係。專注力是能將意識持續全心投入單一事情。而注意力是投入單一事情的同時，也會留心周遭。這是種綜觀整體，對四周動靜保持警醒的能力。專注的同時，意識也必須分散至周遭。開車等情況，就必須同時發揮專注力與注意力。

- 不論專注力或注意力，持續過久都會造成身心疲憊。需要**充分訓練與適切休息**。
- 選擇重要、必要的事，再運用注意力。想毫無遺漏地對所有一切發揮注意力可以說是件難事，覺得已經習慣而輕忽鬆懈，就會發生問題。必須慎重運用注意力。
- **必須當場決定優先順序**。多件事情都需要注意力時，以「需要注意哪一點」的感覺區分、分配，就能順暢運用注意力。

- 平常就配合本身缺點、弱點，**事先對應該注意的項目有所意識**。
- 希望大家都能考量彼此繁瑣複雜狀況，不要完全依賴對方、不要怪罪對方，巧妙地彼此互補，小心別讓輕忽大意發展成災禍。

181 磨鍊選擇能力

人生的成立奠基於眾多選擇之上。除了人生不同階段的重大選擇，平常也要做出許多細微的選擇。選擇能力是決定人生的關鍵之一。只是，那不見得是在有意識的情況下所做出的決定。首先，請從「提升對於選擇的意識」這件事開始做起。

- 「輕率的選擇」是基於當下的恐懼，為了自我防衛、自私的利益、只想躲避這瞬間等情況所做出的選擇。
- 喜歡選擇的人，連他人的事情都會自己去選擇。這有時是根據良好判斷的選擇，有時則不然。儘管委由他人選擇，也必須對於「這同樣是自己的選擇」有所自覺。
- 選擇能力包括迅速，二是考量日後發展，涵蓋其他元素的綜合性，如果能對將來懷抱清晰願景，選擇效率也會隨之提升。
- 優先順序是選擇的重要元素。像是行動方針上的必要性，還有很多元素都是時間的順位。要隨時自覺到「對自己的目的而言，什麼才是最重要的事情」。本身想法認為無法退讓的事等，或許該列為前幾名選項。

- 如果要舉極端例子，有包括像是得以保命、讓家人免於災禍等例子。稍有餘欲的選擇情況，則是預算問題。這也可說是分配的問題。總先做近在眼前的選擇，後來才發現那個選擇根本沒用，這種情況是很常見的。比起只考慮自己，考量周遭、顧及平衡，成功率可以說比較高。
- 選擇之際，會藉由過去經驗、模擬經驗、知識、豐富的當下資訊等，引導出選項。為了避免被豐富資訊操弄，自己本身必須擁有智慧的選擇能力。為了做到瞬間選擇，平時就要有意識地訓練本身選擇；就算失敗，也要讓這次經驗立刻在下次派上用場。直觀力也會影響選擇速度。
- 二者擇一、權衡（trade-off）。站到那邊去，就無法站到這裡來。選了其中一邊，就必須割捨另一邊……，像這種艱難選擇，在不少情況下，事後也難以判斷到底是不是正確選擇。應該說，為了讓當初做出的選擇事後能被認同，或許需要能被認同。

182

鍛鍊思考能力的基礎

所謂的「思考」，就是對於「為什麼」的疑問，引導出答案的過程。請養成不至於過度思考，或被說滿嘴大道理的思考習慣，最終獲得的答案能讓身心覺得舒服自在，就能感受到閃耀光芒的自己。

- 思考的基本之道，始於隨時習慣懷抱**「為什麼」**的疑問。接下來，是根據疑問內容，儘可能大量蒐集資訊（問人、觀察、搜尋、看書。將那個主題留存在腦海一角，自然就能蒐集到相關資訊）。
- 資訊若從已知的事情、過去的諺語、歷史演變、事件或事故原因等事例，去尋找類似內容，會很有幫助。將接近目的的相關資訊，做為啟示（無法輕而易舉地思考出獨創想法）。
- 將蒐集來的資訊分類。根據「是否符合目的或主題條件」，加以篩選，然後將資訊分類。資訊的區分方式是重點。橫向連結能立刻以相關關鍵字總括一切。縱向連結是為了深入挖掘目的（相關性低的共通點、又或甚至可說完全相反的差異性很多的內容都涵蓋其中，日後都可能派上用場）。

- 區分好的資訊，確認是否有偏離目的、重複又或遺漏的內容。在這個時間點，如果能勾勒出約略樣貌，動力就會提升。
- 如果不是事實，做為答案就無法通用。換言之，必須減少不確切性。即使不至於能說合乎邏輯，至少要確認是否合理。
- **「真是那樣的嗎」**，像這樣靠自己客觀審視那個答案。另外也要瞭解，為什麼其他事情、其他內容是無效的。藉由此舉，就能鎖定答案（「為什麼這樣」的疑問會稍微變得清楚）。
- 最後，以**「所以，這一切說明了什麼呢」**回歸起初的「為什麼」，確認與目的或主題的條件一致（審視目的為何、是否能落實）。
- 以準確話語，統整答案。詞彙愈豐富，愈能準確表達。翻譯成英語時，必須事先瞭解英語與母語的思考模式的差異。以母語思考的內容，直接翻譯後也不會是一樣的。

183

培養直覺力

「直觀力」是根據意識性的知識與經驗，進行理解或推理，即時判斷。

「直覺力」則是根據感覺、感性判斷。那是沒有運用到任何意識，本能性的瞬間靈光。所有人都會使用這個能力，只是運用到意識的程度、這個能力的鍛鍊程度因人而異。

- 好惡分明的人，對於喜歡的應該能發揮直覺力。但是對討厭的會視若無睹，所以或許不太能發揮。
- 對於知識或資訊不要囫圇吞棗，別與周遭評價或話語唱同調，好好確認是否有不對勁的感覺，相信自己最後的判斷。好好去意識，慢慢磨鍊，就能做出確實的判斷。
- 知識與經驗也會成為我們的基石，只是習得需要時間，如果能養成習慣**好好觀察**包含模擬體驗在內的所有**事物**，就能對培養直覺力產生助益。
- 要意識到憑藉過去的點滴累積才有今天，意識到過去中或許有什麼有助直覺力的養成，並深入探索。

- **有時需要摒除雜念**。這是為了一天清空腦袋一次，讓自己神清氣爽（在大自然中的散步、手洗碗盤、擦拭掃除地板、清掃庭院落葉、路上撿垃圾、練字寫書法等）。腦袋清空，直覺力才會運作。
- 相信本身的靈光一閃或感受，並累積相關經驗。不論結果如何，只要點滴累積就能派上用場。記住良好經驗，不好的經驗就去記住解決對策，將這一切都做為直覺力的經驗累積。將這樣的能力提升到能以理論說明的程度。
- 在意的事情就記錄下來，事後整理。**筆記能對記憶有所助益**。睡眠或冥想（放空讓腦袋一片空白）等，能幫助腦袋發揮整理記憶的效果。耿耿於懷的疑問，有時會突然冒出答案，與其說是天外飛來，想成是記憶在睡眠時獲得整理，會比較實際。

感覺有點沒勁，又或莫名其妙就是提不起勁，這說不定是直覺力在運作的關係。此時請想成是個契機，好好磨鍊直覺力。直覺敏銳的人，會藉由各式各樣的鑽研、重複累積練習，在訓練的基礎上累積經驗，然後懷抱自信運用這個能力。

184 讓下意識的品質升級

日常生活中幾乎所有部分的運作，都是根據習慣的下意識行為。所以，發生習慣以外，又或必須運用意識處理的事情時，會嫌麻煩或說做不到。**「做不到」這句話的真正意涵，其實是不想做**。

日常生活中往往都是相同事情的重複，下意識去做就不會累，也能縮短時間。雖然良好習慣以及高層次的下意識行動可以說很好，只是連「重要的是什麼」都不思考，完全根據自我中心想法的下意識行動，會很傷腦筋的。因為萬一發生什麼事，用「當初也沒這打算」、「那時候完全沒多想」等理由是說不過去的。所以基本上，就應該多加注意本身日常行為，有意識地去行動。

當事情的發展突然出現變化、面對出乎意料之外的事件時，感到混亂、無法做出判斷是人之常情；只是，如果能立刻下意識地採取會帶來良好結果的行為，那可真是無與倫比的餘欲了。下意識卻合理的行為，這是一件很棒的事。交由自己的心自行判斷，而且又不會造成任何不便，能產生很大的助益。年長者常說「希望能自然做自己」，大概是在說這種任憑下意識作主的狀態吧。

這種「下意識」，有人是與生俱來，不過像我們這種凡夫俗子，必須去意識到這種下意識的品質，慢慢讓它升級。

首先，**平日就要儘可能客觀看待事物**。這是為了能盡早察覺「什麼才重要」的訓練。另外，也要鍛鍊能彌補下意識的直觀力。

「七十隨心所欲不逾矩」，是《論語》中孔子的話語。或許在很多情況下，如果能在年過七十之前，即使下意識行動（任憑心情作主）也不會搞砸、傷害他人，或做出什麼蠢事，就可以說是了不起了吧。如果說現在是人生百年的時代，剩餘的三十年，就能在無壓力的幸福中，以「很棒的人」的樣態走到人生盡頭。所以說七十歲之前，需要投入努力與修養。在這段過程中，好好樂在其中、徹底鍛鍊自我，擁有無與倫比的下意識品質也很好，不是嗎？

生活規範 之❸磨鍊自我

擁有磨鍊自我的生活規範

為什麼我們會想擁有自己的時間呢？可能就是想用來磨練自我吧。

如果單純只是想玩樂，又或是什麼都不想做、不想提升自我涵養的人，應該就不會讀到這一頁了。

想利用多餘時間磨練自我，可說是美事一樁。首先，你要如何掌控自己的生活呢？思考你想透過什麼方式磨練自我，一邊確認重點所在，一邊實踐吧。

185

感受生活之美

人能從美的人事物中獲得平靜。我們在每天的日常生活中所追求的就是美的人事物。因為藉此，能獲得幸福的感受。本來的「舒適自在」，就是能同時帶來美與幸福的人事物。

現代對於「美」究竟是什麼，變得不再確定。美是普遍性的、還是隨著時代不同呢，相關疑問常會被提出來。美的法則是普遍性的。只是生活在該時代的人，看的東西不同罷了。

在此嘗試舉出一些線索。**美的人事物，潛藏於讓你覺得正確的、明確的、細心的、確實的人事物中。色彩形狀具備必然性的、符合目的的、維持平衡的、整體格調統一的、能親近的、溫柔的**，這一切的總和。嚴格說來，其中也包含不論從任何角度看來，是否讓人心曠神怡吧。而那樣的角度由自己決定。

換言之，美並非單純一點而已。奢華也好、簡樸也罷，那些毫無多餘的、緊張與舒緩等價的、舒服的刺激不至疲憊、不誇張也不引人注目、甚至可能讓人忽略的不經意卻莫名地讓人心曠神怡。

決定美的人，就是感受到美的人。一旦欣賞眾多美的人事物，就會擁有好眼光。並不是有名，就能斷定很好。或許也沒被什麼人稱讚過。正確卻不因此誇大本身優勢。真實卻流露自然不刻意的美。決定美的人，永遠只有感受到美的人。

幸福與美的人事物本為一體。人類創作出的藝術，或許不見得都能稱之為美。這與有錢，不見得能說是幸福，是一樣的道理。只是，大自然不論在何種狀況下都隱藏著美。那份美以形形色色的不同形式，潛藏於生活的一切之中。

物品或空間本身擁有美，我們也很容易感到平靜、安適，獲得療癒。當然，上述一切都蘊含著美，不僅如此，我們或許應該思考生活行為中正蘊含著美。

186 在日常生活中培養美感意識

也有人不會注意到美的人事物、美的顏色或形狀，這是因為不去意識美的一切。這種人原本應該也擁有屬於自己的美感意識，卻說什麼「不懂什麼才是美」。也或許是覺得，談論美不美並不科學。

認同本身擁有的美感意識，思考為什麼覺得美，美感意識就能隨之拓展、提升。看到美的人事物會覺得美，彼此也更能相互認同。

一旦對食物有好惡，所謂「美味」的感覺就會不一致；但是聽人說「絕景」之類的自然之美，不論國籍民族，幾乎所有人都會覺得美。從高地俯視的全景風景，那樣的廣闊無垠療癒人心，讓人不由得覺得美。

美的人事物所在多有，但是如果想看的意識薄弱，就會看不見。只要改變觀點，所有一切都會看來很美。藉由擷取其中一部分，也可能看起來很美。別只靠雙眼去看，請拓展五感，自我訓練，發掘更多美的人事物。

能培養出美感意識的，就是日常生活。每天能學習的事情，多如牛毛。留心去看身旁的一切。色彩之美、品質之好、技術之優良，每次去看都運用意識，眼力就會獲得鍛鍊。嘗試以自己喜愛的物品裝飾房間，就能瞭解本身視覺性的美的基準。藉由平日物品的維護保養，手部的觸碰，觸覺就能獲得磨鍊。

只要在生活中使用優質物品，用五感去感受，就能在日常生活中提升美感意識。因為藉由擁有的物品，該物品所需的對應嚴謹度，就能培養出相關感受。

如果理解物品本質，決定「什麼搭配什麼會很美」的時間就會縮短，出錯機率也會減少。真實的美，能讓觀者獲得療癒，培養感性。

美隱藏在形形色色的各處。美感意識，要靠自己從美的人事物中發掘價值做起；對於其他事情，如果也能留意有什麼能讓自己感受到價值，那麼選項也會變得明確，猶豫自然隨之減少。所以，也請重新審視本身的價值觀吧。

187 活出安貧樂道之美

一般所認為的「安貧樂道」，含意是清白正直活著，結果卻生活貧困，但是依然對此甘之如飴。另外也能察覺，並不是說只有奢華才美。當然規模會有所差異，但是沒預算也能創造出美。應該說在我們日本人心中，擁有那份自信能組合出絲毫不遜於豪華的美。

日本人曾憧憬的那種西方藉由財富集中，所創造出的「豪華之美」，如今已經成為過去式。當然，財富集中所創造的美仍會留存下去吧。我們有時也能樂在其中吧。然而，如今豪華甚至可說是陳腐，已經不再適合現代了。如今，能讓所有人心靈歸於平靜的是安貧樂道之美。

不做無謂浪費，極度簡約、節儉，所以能維持清靜。大家瞭解，心靈富足才能擁有無限的自由。如果能將內心的清朗展現在個性上，就能醞釀出美感。對於雙眼所見、本身相關，都能懷抱敬意去親近，這不就是安貧樂道之美嗎？

「放眼望四周，不論花朵或紅葉，在此處皆無。海邊茅屋旁，秋天的夕陽景致。」

這是藤原定家[1]所吟詠的和歌。武野紹鷗、千利休[2]將之視為「侘茶[3]」的真髓。在破落空間中，使用有價值的豪華器具並無意義。用不值一提的器具，共同品茗，隨處都潛藏著美吧。那是因為人與人之間、當下的氣氛很美。低調單純的話，其間流動的空氣也可以說是很美好的吧。

就算沒有預算，**生活在所謂「簡約」的美之中，穿整潔衣服，為打造強健體魄，**吃有營養的食物。這樣，就能成就安貧樂道之美了。

周遭根據你運用的言詞，也會改變對於事物的看法。如果形容得很美，存在該處的東西也能讓人感到很美。我們是能毫無藉口地將日常生活轉化成美感的。從中就能逐漸看出安貧樂道之美。

擁有自由且富足的心靈，是第一步。

---

1. 「藤原定家」：日本鎌倉時代前期著名歌人、歌學者、古典學者，其和歌與歌論對後世文學或文化產生深遠影響。參與《新古今和歌集》、《小倉百人一首》集結編選。
2. 兩者皆為日本歷史上的著名茶人。
3. 「侘茶」：源自室町世代的一種品茗會形式，著重禪宗精神，主張反樸歸真、摒棄豪華繁複茶具或儀式，一般認為是日本茶道的原型。

188 磨鍊感性

由於我們是從古至今對於「日用之美」鑑別能力高超的日本人，只要將適合自己的高品質物品蒐集到身邊來，就能自然展現美麗舉止，表現出自己美麗的心。而且，不單純只是依賴物品之美，只要磨鍊本身技術，就能更增添美感。

美，隱藏於周遭各處。為了發掘出這樣的美，要將**簡樸生活**、**對於事物的純真又單純的看法**、**舒服的清靜感**、**整潔狀態**化為日常。

或看、或摸、或聽、或感受氣味、或感受美味，我們以五感感受著，一邊處於日常生活中。平常對此也不太有意識地度過一天。請嘗試更去意識到，我們正用五感在感受。

一天之中只有五分鐘都好，閉上雙眼，只專注於聲音或氣味，什麼都不要思考，又或單純只用視覺去感受繪畫或照片，去觸碰各種布料等，單純專注於手部觸感。那些感受，或許可以說是真正的活在當下吧。

感受時，明確區分是舒適還是不快。以本身認同的心情去感覺，就能培養出良好感受性。**避免那些不快，增加讓自己覺得舒服的東西。儘管有些繞遠路，也要走繁花盛開、有很棒店家的道路**。這些平日的微小累積，能培養出感性。

感受到的以言語表達出來，同時**增加感受的詞彙**。隨時都要在意識到日常、行為的情況下生活。

那也就是說，生活中在親近古典的同時，也要確認最先進的資訊。對於初次邂逅，又或日常反覆，全都目不轉睛。面對細微部分，也要持續累積用心謹慎的行為。

像這樣的生活行為，正是磨鍊感性的第一步。

189

女性的魅力、男性的魅力

想要看起來美麗，內在也要整潔無暇。內心純粹、一心一意只想追求美的人，雙眼也會閃耀光芒。只要用心讓自己彬彬有禮、表現出美麗行為舉止，不知不覺中內心也會變得美麗。與其貪婪地這個也想要、那個也想要，稍微節制忍耐看起來會比較美。

雖然極度想將本身的正確性正當化，嫻靜典雅、沉默寡言才是魅力所在。誠實無貪欲的心靈、毫無邪念的無私為理想狀態。

再加上擁有整潔感的美感，正是日本人本色。

女性的魅力在於**用心與覺悟**。

用心，用的是預先考量日後，站在對方立場思考、體貼對方的那顆心。也就是預測將來，將稍後的時間也列入考量，提前準備。這是種發揮想像力，考慮周遭特性等各種情況的綜合性顧慮。不僅雙眼所見，就連看不見的人心或還沒發生的事情，都能細膩顧全。但是，上述行為並不會像是「誰做了什麼」似地被明確表揚功績。以往的女性就是像這樣，持續支撐了整個日本。

然而就算有了萬全顧慮，也不知道到底會發生什麼事。不知道有什麼樣的境遇變化，在等著自己。不論身處何處、站在何種立場，都能在當下表現出優美舉止，女性需要抱持著這樣的覺悟活下去。如此一來，隨時隨地都能讓自己很美。

男性的魅力與美感，在於**文質彬彬之中的一抹哀愁**。

一般常說，女性喜愛的男性是溫柔的人，而對於女性而言的男性溫柔，是男性對於女性懷抱敬意，行為舉止文質彬彬。因為女性也能隨之舉止優美，感覺自在舒服。

而在他偶然散發出一抹哀愁時（或許是由於為了保持文質彬彬而疲憊），女性或許就會下定決心。這樣的內心世界，能讓外表魅力更為升級。

190
意識到自己的文化觀點

只要擁有自己內心那把量尺，就能參考這個基準，判斷許許多多的邂逅。我們有必要逐漸提升量尺等級。要是拘泥於過往的量尺，就會疏於提升美感意識。儘管說是文化活動，程度或思考模式形形色色各不相同。不論看到什麼、聽到什麼，從中都能發現以本身量尺能夠認同的東西。

要是始終憑藉舊有量尺，判斷就會出錯。請選擇最新量尺，並且慢慢磨鍊。從古至今都這麼說，要**看遍優秀**、**優質的東西**，**提升自己的眼光**。只要看遍眾多美的人事物，就能瞭解美的本質。即使是首度看到的，也能洞悉那是否接近美的本質。

人與狀況是一樣的。如果一開始就能受到無盡的愛包圍，愛會培育腦袋。在美好大自然的環繞下，就能藉由自然而然地瞭解箇中機制，培育心靈。

人能受到大自然的培育，只要瞭解大自然正是我們師法的對象，不論雙眼或心靈都能獲得豐富的培育。日本的大自然，在全球也算是數一數二的罕見美景。色彩繽紛、物種豐富。不需要理論或說明。不論任何對象，都能完全接納、賦予平靜。日本人既然打從一萬年前，就持續生活在這麼幸福的絕佳環境中，要說我們無論看到什麼都能投以一貫的溫柔眼神，看到任何對象都能如實接納，也不足為奇。

看到什麼如實接納，就是接受事實。就是不帶好惡情緒。就是不以本身好惡判斷，一視同仁。

為了做到這一點，本身眼神就不能帶有偏見、面對任何人都能給予一貫的暖意。憑藉本身「眼光」，而非世人評價去肯定，同時傾聽他人意見，別忘了彼此共享許多共通點。

第6章　提升生活規範的涵養

生活規範 之❹自我文化

生活文化從打造自我文化做起

獲得美麗人事物的療癒，藉由這點滴累積過生活，並逐漸形成文化，這是身而為人的幸福樣貌。日本從古的生活文化，始終被美麗的大自然還有以自然素材製作出來的器具圍繞。即使質樸，如今看來依然擁有充分美感的東西所在多有。只是那些東西，幾乎都以「不方便」為由，被逐漸捨棄。

既然如此，如果不創造出與那些被捨棄的相比，不相上下的美麗東西做為今日的生活文化，是無法得到幸福的。創造出讓生活在當今時代的我們覺得「就是這個」的自我文化，彼此有所共鳴並共享，或許就能逐漸建構起現代的生活文化吧。

191

洞悉美味與營養價值

任誰都瞭解飲食的重要性，然而最近的飲食卻傾向過度重視外觀的美味度，還有耗時費工做出的美味度。現代的日本吸納全球所有種類的料理，讓人覺得，是不是要毫無極限地滿足人們對於飲食的慾望。符合日本氣候風土或日本人一直以來的體質的食物，又或當地現採的食材等，這些自然趨勢全都遭到忽視。在此情況下，要問的是我們能相信本身味覺到什麼程度。

有時就社交層面而言，也需要具有魅力、高娛樂性的食物；只是就身體方面而言，會希望是能簡單完成、具備營養價值的家常菜。高度滿足慾望的食物，不見得有營養。摒棄偏食的好惡，讓自己培養出偏好有營養食材的習慣，是很重要的。

192

完成自己的風格

時尚可說是活力之本。沒有人會在一邊考量服裝的情況下，陷入憂鬱。徹底研究讓自己看來美麗的顏色或形式、穿著感覺的喜好、配合生活狀況的服裝等，是有必要的。換言之，無關服裝是否美麗，決定適合自己的美麗就是「自我文化」。符合工作場合的正式風格、享受工作之餘私人時間的風格。就算不是名牌或流行服裝，只要能決定出自己的風格，當然能與自己相得益彰，應該也能散發出一股自信美。

無須擔心什麼「現在流行什麼」。創造出今年流行的，正是自己本身。**決定出本身風格**的造型師就是自己，而思考設計的也是自己。

我們或許會在不知不覺之間，將街上碰到的出色女性，當作自己的時尚偶像；在此同時，自己其實也會成為對方那個立場。當大家在聚會或宴會上都打扮得很時髦時，自己也會覺得必須盛裝才行。像這樣彼此影響，層次就會隨之逐漸提升。

設計本身服裝時，必須考量如何讓體型特徵看起來更美。身體特徵只要不是模特兒體型，就不可能適合所有服裝，必須嚴密決定長度、幅度、圓弧、寬、窄等，細節的尺寸。

不論是成衣之類的高級服裝又或快時尚，不見得都真正適合自己。要學習將手上的二手衣或舊衣服，局部修改成適合自己的形式。在此前提下，可以請專人更為細膩修改，又或到精品服飾店等尋找適合自己的東西。

別像才不久前的時代那樣，對於美好時尚懷抱憧憬，正確選擇適合自己的東西。在足以美麗展現自我的基本形式之上，添加獨一無二的裝飾或局部更換布料等加工，完成自己的服裝。

稍微感受到創造能力的當下，就是自我文化的發祥。

193

生活空間呈現出自己的真實樣貌

打造本身的居住空間，就是在打造自我。因為我們的生活行為，會被那樣的空間雕琢形塑。兩者具有相互關係，不會只有單獨一方發揮作用。

人們想改造廚房時，會說只要廚房變得方便，就能烹調出美味料理。另一方面，也有人會想諷刺說就算廚房變好，料理也不會因此變得好吃。這兩種說法都對，然而也都不對。

廚房如果變漂亮，當然做菜的動力就會提升。因為感覺很舒服，也會想要長久待在那個空間。要是只想炫耀美麗的廚房，不想弄髒，所以靠外燴解決三餐，烹調本領的確不會提升；然而空間所能造成的影響並沒有這麼單純，總有一天就會想要親手烹調美味料理的。因為彼此相互影響的關係，空間美化後，人的行為就會逐漸調整。

與他人初次相見時，會根據服裝、行為舉止動作去感受那個人；同樣的，在住家之中，不論是物品與自己、自己與空間，那所有的一切客觀而言都是同樣性質、同樣價值的。住家就是本身真實樣貌的展現。要說能看出一個人的見識與內在的一切或許也不為過。

儘管瞭解居住空間是表現自我的場域，卻可能因為別人看不到就隨隨便便；但是每天看的自己，是會受到空間影響的。為了成為理想的自己，首先請將空間置入那個理想之中。

如果想要成為乾淨的自己，就將周遭保持乾淨。想要提升品味，就選擇有品味、形狀或顏色都很好的物品，以讓人感到舒適的組合，好好布置。對於讓人介意、感到不對勁的部分，就不要有任何藉口，直接撤除。

空間的品質等同於自己的品質，例如品味、例如內心沉靜或包容力等都是一樣的。空間的自我展現，就等同於自我。

藉由居住空間，能夠品嚐到綜合組成自我文化的喜悅。

194

豐富自己的詞彙，對外語也要心存寬容

日語中存在許多能在內心引發共鳴的美麗大和詞彙，只是現代生活由於外來語的增加，正統日語在日常生活中似乎逐漸減少。英語是適合商務的語言，有些部分會與日本人的內心出現些微分歧或難以表達出日本人的內心。

我們思考事情時，是憑藉什麼在思考的呢？答案是以詞彙思考，以詞彙表達。如果擁有的詞彙量太少，以詞彙整理思緒就會變成一件難事。以英語表達時會需要以英語思考，不過如果是日常會話程度，透過身體語言或手勢，這個等級的溝通可能不會有困擾。

語言背後隱含著生活的感覺、行為，怎麼運用語言是很重要的。只要瞭解生活、思考方式或行為的差異，就算是相同詞彙，也能正確理解其中意涵。首先，希望大家彼此之間的詞彙程度能逐漸提升。這是一輩子的課題。

海外通用的國際語言，希望能在理解他們的生活、背景後，減少彼此分歧。表達的用字遣詞要用溫柔、奠基於良好思考基礎的良好詞彙，傾聽時儘可能保持寬容，不要引發糾紛或傷害對方。話語內容即使準確，如果不適合該場合，就沒有用處。希望大家能做到寬容的對話。

195

培養共同感覺

現代是個不論東西方都能樂在其中，理解接納的時代。不論筷子或刀叉，都能毫無區別地使用，所以雙方的食物都能享受。不論洋服或和服，都能合宜穿搭，藉此也能重新發現本身的文化。這個時代不需要將兩者一刀分割開來，需要的是同時判斷決定的共同感覺。許多資訊都是藉由視覺接收。美麗的視覺資訊能為心靈帶來平靜。好的資訊能磨鍊感性、培養眼光，習慣性地提升感官層級，共同感覺藉此也能輕易培養出來。現在掀起一股所謂的「美術館風潮」，像是去欣賞展覽、觀賞戲劇表演或演唱會等，都能獲得感覺性資訊。藉由這樣的刺激，就能促進五感彈性，磨鍊出感性。繪畫的靈魂是色彩、雕刻的靈魂是形狀、照片的靈魂是構圖、音樂的靈魂是旋律，像這樣靠自己去意識焦點所在。旅行中不改變日常生活的食衣住等級，是很重要的。輕鬆的觀光旅行，很容易考慮穿著髒汙也無妨的便服；然而重要的是，服裝風格適合周遭景致或街景，能自然融入其中。參觀宗教相關建築物時，特別需要注意這方面。類似這樣的事情，也是重要的共同感覺。很快地我們也必須熟悉與AI的共同感覺。要共享相同感覺或許有困難，卻是無法迴避的日常性近未來之感。

196

高品質生活的定義

日常生活是培養感性的場域。食衣住是綜合性的，那所有的一切毫無藉口地正等同於自己本身。因為舉凡如對於事物或狀況的抉擇，完全都是憑藉自我意思自由行動的。日常生活是允許創造樂趣的唯一場域。根據習慣，下意識反覆進行的生活行為，也等同於自己本身。生活習慣才足以呈現出自己。既然如此，請嘗試思考去過比現在更好的高品質生活。

讓我們來具體定義這所謂的「高品質」吧。首先，可以說是**「美」**吧。如果是物品，需要的是**針對目的的高度必然性，還有存在的正當性**。像是**兼具平衡、細緻柔和之物，以乾脆俐落的統合方式讓人感受到格調、讓人容易親近之物**，當然或許沒有那麼引人注目，藉由其擁有的故事性，呈現出本身價值。

比起擁有物品，更重要的其實是體驗豐富的時間。能滿足「在愜意時間中，品味感動或舒適」願望的生活。我們即將迎接的時代，逐漸會將「下功夫準備，讓同伴開心」的行為視為生活樂趣。

我們必須以知識或經驗，評定所謂的高品質，既廣且深地掌握時下脈動。這也意味著，面對資訊變得強大。要是身為一個「資弱」（被資訊操弄的弱者），就無法洞悉高品質。別滿足於所謂「知性與趣很好、高級物品很好」等常識，這是個必須擁有「只挑選品味好、具備必然性物品」見識的時代。

從擁有美麗物品的生活，邁向擁有美麗心靈的生活，這只是這段漫長旅程的開端。

在此之際，美麗的用字遣詞能夠培養美麗心靈。舉止行為與心靈，不能說由何者主導，只是想讓心靈美麗，就必須讓舉止行為變美。為了讓舉止行為變美，就必須讓用字遣詞變美。只要話語與舉止行為變美，就能讓人感受到心靈之美。

為了達到高品質生活，不可或缺的就是擁有美麗的心靈。

生活規範 之❺社會貢獻

挑戰做出美麗的社會貢獻

就算平常無心於社會貢獻，也會想為某人做些事。只要強化這樣的意識，就會對本身存在懷抱自信。

例如，如果能比平常對更多人回以微笑，就是美麗的社會貢獻的開端。藉由刻意去意識，就會開始對周遭萌生「為什麼」的疑問。開始思考「這樣下去好嗎」、「必須改變些什麼」，就是社會貢獻。換言之，就像以自我實現的心理學而著名的心理學者馬斯洛（Maslow）晚年所說的，從自我實現邁進超越自我的時代已經愈來愈近了。能從「派上用場」感受到幸福，正是社會貢獻。

197
拓展視野

只要是人，全都擁有自己的想法。對於物品的堅持、生活模式、思考模式，對於人的想法，對於這個世界的想法。想法，如果只是想，除了自己沒有人會知道。自己本身也不知道那樣的想法到底怎麼一回事、是現實還是幻想、會不會是自以為是、能否與某人共享。因此，身而為人的我們被賦予了一種能力，那就是運用語句組織思考，以簡潔易懂的方式向人說明。透過物品或圖像，會更容易傳達。而藉由行動，也會更加寫實。

傳達方式必須正確、優美、細膩，而且要親切。

請提升自我涵養，讓自己更擅長傳達想法。為此，如果能關心形形色色的各種事物，就能一點一滴拓展視野。視野一廣，就能有更多機會與更多人對話，如此一來，應該也能進一步增廣見聞，懷抱更多疑問。視野的廣度，必須憑藉自己去拓展。

那就是美麗的社會貢獻的原點。

198 培養自律性

在此，有**「自立」**、**「自律」**、**「而立」**這三種。「自立」是獨當一面、獨立，不受他人掌控，憑藉自身力量，經濟方面也能獨立。「自律」是根據自己訂立的規律，規範本身行動，也就是遵守自我規範。「而立」意指到了三十歲站穩腳步，也就是說需要自立與自律兼具。

一般尤其關注**經濟層面的自立**，經濟獨立當然不在話下，更重要的是**內在的自律**。**請懷抱覺悟與責任感，自行決定基準**。這是為了避免自己不負責任，又或過度承擔為周遭添麻煩。被委託工作的瞬間，就要認定是自己的工作，做好責任全由自己扛的心理準備。要是給周遭添麻煩、徒增困擾、傷害他人，違反社會規則，結果只會讓自己不幸。

就算不走極端，人生已經夠有意思的了。不依賴外在掌控或助力，自行規劃本身行為，根據規律正確規範，這才可稱為「具備自律性」。

爽快地節制本身慾望，從內在富足獲得滿足。這不是勉為其難的壓抑自我，也不是自我犧牲，這是為了避免恣意妄為的自我掌控。換言之，自然做到公私區別是有必要的。從父母身邊獨立，不單純意指離開父母、獨立生活，還包括獲得父母的信任。

結婚並非戀愛的延長賽，而是對於「扶持對方、獲得對方扶持」的感謝。互相照顧無關量或質，而是**自律與自立的永恆延續**。所謂的自律，是對於「責任在自己身上」有所覺悟。自行決定、自我掌控。

他人的話語或彼此對話，只看自己怎麼去接受而已。只要有自律與自立，該做什麼會很明確。只要明確就不會有壓力。根據本身應該扮演的角色，遵循準則。而行為依據，就在於自己該說些什麼的準則（例如不對他人口出惡言）。

199

認同自己

所謂「嚴以律己、寬以待人」的理想太難了。嚴以律己的人，特別是對比自己年輕的人，因為想鞭策對方成長，會變得更加嚴格，往往覺得「自己都做到了，對方也做得到吧」。

所謂的「嚴以律己」，對自己真是好事嗎？要是做過了頭，也就是嚴格過度超出效果範圍，就沒有意義了。原本人就是得過且過的，做到確實自律，或許就已經足夠了吧。

能做到客觀看待自我，隨時將此視為界線就好了。對於本身缺點或問題，不惜投入改善的修練，包括那些缺點在內，完全認同自我。做不到或不擅長的事情，只要改變看法也可說是一種個性，也可能讓人莞爾一笑。人類的愚蠢、滑稽，都是應該認同接受的。即使無法懷抱自信等，可說是身無長物的自己，也要認同接受。

只要嘗試認同真實的自我，認同對方或自己以外的人，也會變得非常容易。自卑，就是導因於不認同自我。要是懷抱自卑，就會冷漠嚴格地對待他人。對他人懷抱過度的競爭意識，或許也是因為不認同自我。如果能認同自我，就不會再懷抱競爭意識或自卑。彼此能有溫柔的關係，也就是流動著高品質的氛圍。

對於社會或他人的支援、志工活動等，與是富是貧這種不同立場毫無關係。只要實踐對他人有所助益之事，不論是小事又或頻率很高，其尊貴性都是一樣的。

200 藉由實踐，將幻想化為現實

「實現夢想」、「描繪夢想」等話語聽來動人，任何人都能因此激發積極情緒。設計的目的，就是將一般所謂的「夢想」（理想內容）具體化。也可以說是將極致接近理想、或許幾乎全都是夢想的內容，儘可能化為現實。是美好之事的實現。而這就是設計的功能。

想要實現什麼，就必須在「想做」的熱情支撐下，懷抱幻想。有時會因為「或許做不到」的恐懼或懷疑本身能力不足的情緒，想對人說「正因為自己是個成年人，所以知道極限在哪裡」，但是不論極限或恐懼，都與「想實現」的情緒一樣，單純只是幻想罷了。以「想做」為目標的理想，是沒有極限的。

又或許，如果感受到極限，說不定只是因為「想做」的熱情減弱罷了。不論是「想實現」的情緒或恐懼，都只是在自己內心創造出來的幻想。所以，應該拿捏好平衡，暫時別將規模想得那麼大。

有人是靠自己一個人實踐生活規範。確實實踐自己決定的事，一邊持續當志工；換言之，就是能確實做到自我管理的人。他們是在可實現的範圍內，實踐「想對他人有所助益」的熱情。

也就是說，那份「想對他人有所助益」的熱情沒有受挫，並非停留在幻想階段，被確實實踐。藉由互相幫忙與組成團隊，就能逐漸看到前景，屆時就不再只是不切實際的幻想了。

201 知識、見識與膽識，是邁向自我超越的開端

人家說的，不論如何就是嘗試實行一次看看。傾聽能力連結到的是思考能力。不只蒐集知識，將知識與經驗連結加以思考，就能培養判斷能力。這就是見識。從見識中，會比知識更感受到現實性。因為背後有經驗、體驗與眾多事例支撐。

見識如果伴隨實行能力，就會成為膽識。一無所知就企圖實行，或許有些有勇無謀，但是瞭解一切所以什麼事情都做不了，也會淪為怯懦。擁有見識，並且能夠進一步升級成為具備能量的膽識，不就是提升人性的一流工夫嗎。

知識一增加，世界就會變得很寬廣。要是知識不足，視野也會狹隘，詞彙量少，難以完全表達想法，就會陷入焦慮。想要增加知識，首先看到不懂的詞彙就要去查吧。只要嘗試思考舊有與全新資訊的整合性，就會比較容易理解。這也會對於嘗試以自己的方式整理知識有所助益。

從有興趣的事情做起。像是與過去的共通性、與今天具備什麼樣的關係、哪一點有效，從自己需要的，還有身邊事物開始探索「為什麼」的答案，藉此累積知識。

去看去聽之後，下一步就是嘗試去做。最近流行的是體驗。因為實踐知識，進一步從知識的實踐邁向見識，然後是膽識，這樣的過程就會成為一種短期修練。即使是模擬體驗，要是擁有許多類似體驗，就能發揮與經驗相同的功能。

比起只有知道的知識，擁有伴隨經驗的見識，就能頓時理解本身角色。如果能適切地對什麼、對誰產生助益，自己也能獲得滿足。那如果能成為確實的實力，對這個世界有所貢獻，就是美事一件。

身處於現代，自我實現是很大的主題，但卻不是最終目的。人的幸福，在於進一步提升人性。在於擁有屬於自己的膽識，隨之感受到的自我超越。在於對這個世界有所助益，將社會貢獻或所有一切的共感做為內心支柱，實際感受到活著的幸福。

後記

我挑選出能靠自己提升自我涵養的生活行為、日常理想樣貌的基礎事項，從頭到尾嘗試梳理了一遍。

為了避免人性因時代變遷的迅速而劣化，而且不論時代如何變化，提升人性永遠必須遵循追求美與幸福的原則，思考符合時代的生活行為與日常性。我本著這樣的心情，在意識到所謂「現今」的「時間」，一邊嘗試撰寫本書。

希望對內容心領神會的熟稔者，進一步懷抱自信與餘欲，讓自己成為典範。如果擔心尚未確定的明天「不知道目的為何，要怎麼達成」，只要將本書內容做為指南，勇敢邁出一步，就能朝著好的方向前進，敬請放心。

現今時代，已經有愈來愈多人以美麗、幸福為目的，朝自我實現的目標前進；在此同時，思考「該如何以自己的方式對他人產生助益」的新時代也已經開啟。這是個超越自我的時代。如果能成為支援他人幸福，不論何時都能做出某種貢獻的自己，實現自我與超越自我或許也可說是相同的一件事。

317

一般預測，AI與人類成為一體的時代會以驚人的速度來臨，因此豐富的共同感覺與無名性，將成為能夠幸福、優美過生活的理所當然的感性吧。今後的時代，將會有愈來愈多人追求內在平靜、擁有餘欲，心靈富足過著高品質生活的幸福生活方式，而非憑藉聞名程度或權力、權力關係的競合贏過他人吧。

以從古至今的經濟活動而言，這是一段從奢侈產業過渡到幸福產業的歷程。若從食衣住的角度而言，是種打造自我文化的生活方式。藝術性的室內裝潢、散發自我感受的時尚風格、不是饕客而是將簡單的自然美味做為日常飲食的生活。優美對話在清澈空氣中交流，真的該說是「安貧樂道」的生活。

在這一片災難頻傳、不知道什麼時候會發生什麼事的憂慮之中，直到百歲的人生該如何愜意輕鬆、心靈富足、幸福有餘欲、優美地過生活，是我們迫切的問題。為了保有堅強內在與體魄，必須擁有提升自我涵養的智慧。我也覺得如今還年輕的讀者，為了長壽，也需要在超越自我的目標下，深入挖掘應該實踐的具體生活行為。

只要每個人都別再擁有那麼多的渴望，就能與更多人分享資源，這麼想或許過於單純；但是我就是本著「希望這種時代來臨」的心願，彙整出了本書內容。我想，其

318

他還有許多應該補記的部分或運用其他觀點的研究，若能承蒙大家瞭解，本書內容其實是種發展中的進行式，實感甚幸。

身為居住空間設計師的我，會撰寫這樣的書籍，也是想要藉由生活的探究，讓設計發揮實質助益，話雖如此，以設計師身分將理念化為具體，以及透過文章將理念化為具體，兩者大相徑庭。這是讓編輯感到棘手的重大因素。本次，也勞煩「DISCOVER」的干場弓子社長煞費苦心了。希望藉此機會，對於相關人士的鼎力相助，致上感謝之意。

加藤惠美子

練習有涵養：讓身心皆美好，優雅大人的 201則生活提案
自分を躾ける

作　　者　加藤惠美子
譯　　者　鄭曉蘭
執行編輯　顏妤安
行銷企劃　劉妍伶
封面設計　謝佳穎
版面構成　陳佩娟
發 行 人　王榮文
出版發行　遠流出版事業股份有限公司
地　　址　臺北市南昌路2段81號6樓
客服電話　02-2392-6899
傳　　真　02-2392-6658
郵　　撥　0189456-1
著作權顧問　蕭雄淋律師
2021年 3月31日 初版一刷
定價 新台幣320元（如有缺頁或破損，請寄回更換）

ISBN　978-957-32-8948-7
遠流博識網　http://www.ylib.com
E-mail: ylib@ylib.com
（如有缺頁或破損，請寄回更換）

圖書館出版品預行編目(CIP)資料

練習有涵養 / 加藤惠美子著；鄭曉蘭.
-- 初版. -- 臺北市：遠流, 2021.3
面；　公分

譯自：自分を躾ける
ISBN：978-957-32-8948-7　(平裝)

192.15　　　109021993